(사)한국공공안전연구원 범죄학이론 시리즈 I

사회학습이론

| 황성현 지음 |

Social Learning Theory

도서출판 그린

저자 서문

▽

지난 백여 년 동안 미국을 중심으로 범죄의 원인을 설명하는 수많은 이론들이 개발되고 형사정책에 반영되었다. 그러나 우리 사회의 각종 범죄율은 줄어들지 않았다. 이는 범죄의 진단이 잘못 되었거나 형사정책의 실패라고 평가할 수 있다. 범죄자의 범죄행위를 정확하게 진단하고 사전에 예방하는 일 자체가 불가능할지 모른다. 인류역사 이래로 범죄가 발생하지 않았던 시대와 사회는 없는 이유이기도 하다. 범죄는 왜 발생하는가? 수많은 연구자들이 이 질문에 대한 답을 찾기 위해 노력했다. 롬브로소를 비롯한 고전학파로부터 20세기 초 미국의 시카고학파가 중심이 된 범죄연구는 지금까지 활발하게 진행되고 있다. 유럽에서 시작된 범죄연구가 1930년대에 미국으로 건너와 그 꽃을 피웠다. 수많은 범죄원인에 대한 경험적 연구가 진행되었고 그 결과를 바탕으로 각 사회 형사정책이 수립되었다.

한국에서 범죄이론이 소개되고 범죄현장에 적용한지는 오래되지 않았다. 1960년대에는 일본에서 소개된 미국의 범죄이론을 번역하여 단순 소개하는 수준에 거쳤다. 1970년대 이후 소수의 연구자들이 미국에서 범죄이론을 수학한 후 한국으로 돌아와 범죄현장에 적용하기 시작했다. 다양한 학문적 배경을 가진 연구자들이 다양한 시각에서 각종 범죄의 원인을 밝히려는 연구활동은 2000년 이후부터 활발하게 진행되었다. 이는 한국청소년정책연구원에서 2003년부터 수집하기 시작한 한국청소년패널자료를 활용한 연구결과물이 발표되는 시기와 맞물려 범죄원인에 대한 결과물들이 쏟아져 나왔다. 범죄연구자들이 어떤 이론을 적용하여 청소년패널자료에 나타난 범죄원인을 읽어 낼 것인가는 각 연구자들이 범죄를 바라보는 관점과 이전 선행연구결과들에 주로 의존한다.

사회학습이론은 에이커스(Akers)가 개발한 사회심리학적 배경을 가진 이론이다. 사회학습이론은 서덜랜드의 차별접촉이론에서 출발한다. 해 아래 새로운 것이 없듯이 에이커스의 이론은 서덜랜드 이론을 정교하게 다듬은 결과물이다. 필자는 1995년 플로리다대학교에서 에이커스와 사제지간의 인연을 맺었다. 필자가 경험한 에이커스는 학문적으로 뛰어난 업적을 성취한 학자일 뿐만 아니라 사회적 약자를 따뜻하게 보살피는 인품을 가진 대단한 분이었다. 일례로 에이커스는 매주 토요일 오전 학교 앞 버거킹에서 학교생활에 적응하지 못하거나 개인적 갈등을 겪는 학생들의 고민거리를 들어주는 것에 바쁜 시간을 할애하는 것을 보면서 감동을 받았다. 그의 이런 사적인 봉사는 아마 어린 시절 열악한 가정에서 자란 배경 때문에 마음이 가난한 자나 사회적 약자에 대한 연민의 정과 긍휼이 누구보다 더 강했던 것처럼 보인다.

필자는 2000년 이후 에이커스의 사회학습이론을 범죄현장에 적용하여 범죄 및 비행의 원인을 설명하는 작업을 지금까지 수행하고 있다. 그 결과 에이커스 이론이 한국에서 범죄의 원인을 설명하는 데 상당한 설득력을 가진다는 사실을 발견했다. 미국에서 개발된 이론이 문화적 배경과 사회적 가치가 다른 한국사회에서 범죄를 설명하는데 한계점이 있음에도 불구하고 사회학습이론의 경험적 검증결과는 우수했다. 이에 필자는 에이커스 이론을 단순히 미국 사회의 범죄현상을 가장 잘 설명하는 이론 중 하나로 설명하는 일반론적인 논의에서 벗어나 좀 더 학술적으로 깊이 있는 논의를 제시해야 한다는 책임감을 늘 가지고 있었다. 이런 차에 다양한 학문적 배경을 가진 학자들이 의기투합하여 2020년 초에 사단법인 한국공공안전연구원(이사장: 고순청, 원장: 이창한)을 개설했다. 공공안전연구원의 여러 사업 중 하나로 한국의 범죄현장에 널리 적용되는 대표적인 범죄이론들을 깊이 있게 다루는 범죄이론 시리즈 발간을 채택했다. 그 첫 번째 범죄이론으로 에이커스의 사회학습이론이 지정되었고 필자에게 집필 제안이 들어와 흔쾌히 수락했다. 필자는 에이커스 이론을 직접 수학한 한국의 첫 번째 제자로서의 의무를 이 책을 통해 다 한 셈이다. 물론 이 책이 에이커스 이론을 완벽하게 설명하지는 않는다. 내용 중에 잘못 설명된 부분은 독자들이 차후에 지적해 주길 바란다.

이 책은 외국에서 개발된 범죄이론이 한국에서 어느 정도의 설명력을 가지는지를 평가하는 첫 번째 범죄이론 시리즈물이라는 점에 학술적 의미를 가진다. 이 책 출판 이후에 한국의 범죄현장을 더 잘 설명할 수 있는 범죄이론 시리즈물이 계속 발간될 것이다. 필자는 공공안전연구원의 범죄이론 시리즈 출판 작업의 마중물이 되는 이론을 소개했다는 점에서 무한한 영광으로 생각한다. 끝으로 이 책의 출판을 허락해 주신 고순청 이사장님, 이창한 원장님께 다시 한 번 더 감사의 말을 전한다. 또한 이 책의 교정을 담당한 동국대학교 형사사법대학 박사과정생인 정재훈에게 감사한 마음을 전한다.

2020년 9월

(사) 한국공공안전연구원에서

황성현

CONTENTS

제5장 | 이론적 통합

제6장 | 나가면서

부록

제1장

들어가면서

01
들어가면서

이론은 세상을 보는 창(문)과 같다. 우리는 창을 통해 세상을 관찰하고 자신의 세계관과 가치관을 형성해 나간다. 범죄학에서 이론의 역할은 창(문)과 같다. 어떤 이론에 바탕을 두느냐에 따라 범죄의 원인을 설명하는 방법이 달라진다. 초기 범죄학이론은 생물학적 시각에 바탕을 둔 학자들에 의해 수행되었다. 그들은 인간의 범죄성을 타고난 것으로 파악했다. 범죄학의 시초인 롬브로조(Lombroso)는 이탈리아 재소자의 신체적 특징을 관찰한 후 범죄자는 신체적으로 일반시민과 구별되는 차이점을 가진다는 '타고난 범죄자(born criminal)' 이론으로 범죄의 원인을 설명했다. 심리학적 범죄학자들은 범죄의 원인을 인간의 마음속 깊은 곳에서 찾는다. 그러나 생물학적, 심리학적 범죄이론들이 현대의 다양한 범죄의 원인을 설명하기에는 다소 한계가 있었다. 세상을 관찰하는 창문이 너무 협소하여 더 넓은 세상을 다양한 시각으로 바라보지 못했다는 비판을 받았다.

범죄학의 역사는 19세기로 거슬러 올라간다. 19세기에 고전주의와 실증주의로 대표되는 유럽의 범죄학은 20세기초 미국범죄학에 많은 영향을 미쳤다. 미국 범죄학은 1920~30년대 시카고 대학교의 사회학자들이 주축이 된 시카고학파를 중심으로 발전했다. 시카고학파는 쇼(Shaw)와 맥케이(McKay)가 파크(Park)와 버제스(Burgess)의 동심원이론을 이용한 사회해체에 초점을 맞춘 생태학적 범죄연구를 시작으로 발전해 나갔다. 초기 미국의 범죄학은 사회학이 지배하는 실증주의 학문으로서 사회적 환경이 범죄의 원인이라고 주장하는 시카고학파를 중심으로, 범죄의 원인을 개인의 생활환경을 강조하는 개인 환경(미시)이론과 사회 환경을 강조하는 사회 환경(거시)이론으로 크게 나뉘어 발전했다. 개인 환경론에서 관심을 갖는 분석단위는 개인이며, 개인의 생물학적 관점, 정신분석학적 관점, 사회학적 관점을 중심으로 범죄연구가 진행되었다. 대표적인 개인 환경론에는 생물학적 이론, 심리학적 이론, 차별접촉이론, 사회학습이론, **사회유대이론, 억제이론, 낙인이론** 등이 있다. 사회 환경론에서의 관심사항은 개인이 아니라 그 개인을 둘러싼 거시사회구조나 환경이며, 분석단위로는 국가, 지역, 시, 이웃 등이다. 사회 환경론은 다시 사회구조와 제도가 개인에게 긍정적 역할을 한다는 **구조기능주의**에 입각한 이론과, 사회는 사회구성원들의 상호 동의나 합의에 의해 이루어지는 것이 아니라 서로 갈등하고 대립한다는 **갈등주의**적 관점에 입각한 범죄이론으로 발전했다. **구조기능주의**에 입각한 범죄이론은 **사회해체론, 아노미이론, 긴장이론** 등이 있으며, **갈등주의**에 입각한 범죄이론가들은 법과 형사사법의 모순점, 범죄행위에 대한 기존 **구조기능주의**자들의 관점을 반박하는 사회갈등이론, 비판범죄학 등으로 발전했다

(황성현, 2012a).

현대 사회의 범죄원인을 분석하는 이론들은 거의 대부분 미국에서 개발되고 검증된 범죄이론이 주축을 이루고 있다. 각 이론은 서로 다른 관점과 분석단위에서 출발했기 때문에 현대 범죄학에 끼친 영향은 서로 상이하다. 구체적으로 생물학과 심리학적 이론들은 범죄자의 교정, 교화분야에 많이 응용되고 있다. 특히 이 이론들은 개인적 문제가 범죄로 나타나기 전에 치료해야 한다는 목적하에 수많은 가족치료조직, 약물남용 클리닉, 정신건강협회 등으로 범죄발생의 억제에 기여하고 있다. 또한, 법 위반의 위험성이 있는 성인이나 청소년에게 심리 상담과 같은 치료를 제공하고 있다(이창한 외, 2012). 개인 환경이론은 범죄행위가 **사회화과정**의 일부분이라고 보는 점에서 각 이론 간에 공통점이 있는데, 범죄자는 가정, 학교, 친구집단, 이웃 등 주요 사회기관과의 상호작용에 문제가 있는 사람들로 파악한다. 이 이론들은 비행청소년이나 범죄자가 역기능적 가정에서 성장했을 가능성이 크다고 가정한다. 개인환경이론 중 하나인 에이커스의 사회학습이론은 범죄학에서 범죄자를 취급하고 처우하는 방식에 많은 영향을 미쳤다. 사회학습이론가들은 사람들이 범죄에 대한 정의와 태도를 학습함으로써 범죄자가 된다고 보기 때문에 그들을 법순응적 정의에 노출시키고, 교육을 통한 교정프로그램으로 비행과 범죄를 그만두도록 하는 데 기여했다(황성현, 2012a).

반면에 사회통제이론은 가정환경에 주목했고 부모와 가정의 유대를 강화하는 프로그램에 주안점을 두었다. 또한 교도소 내에서의 여러 가지 교정 프로그램은 재소자가 출소 후에 더 이상 범죄에 의존하지 않도록 사회유대를 형성하기 위한 것들 중심으로 진행되었다. **낙인이론**가들은 국가의 지나친 개입을 주의해야 한다고 주장했다. **낙인이론**의 영향으로 다이버전과 보상 프로그램이 발달하기도 했다(이창한 외, 2012).

한편 정통사회학이론 중에서 **구조기능주의**와 **갈등주의**에 이론적 기반을 둔 사회 환경론도 공공정책에 큰 영향을 미쳤다. 범죄의 원인을 하류층의 개인과 관습적인 목표, 규범, 규칙 사이의 균열로 본다면 범죄적 행동의 대안은 도심 거주자에게 관습적 사회의 보상을 공유할 기회를 제공하는 방법으로 해결 할 수 있다고 주장했다. 이를 위한 하나의 접근법으로 국가복지의 보편적 확대와 부양자녀가족지원제도를 통해 가난한 사람에게 직접적인 재정적 도움을 주는 방법을 주장했다. 연구결과, 하류층 가족이 공적 지원을 통해 생계지원비를 받을 때 범죄율이 감소한다는 사실을 보여 줌으로써 사회 환경이론이 우리 사회의 범죄율을 낮추는 데 일정수준 기여했다는 평가를 받았다(이창한 외, 2012).

이처럼 범죄의 원인을 연구하는 학자들은 그들이 가진 마음속 창의 형태에 따라 인간의 범죄성을 판단하는 방법이 달랐으며, 우리 사회에서 범죄율을 감소시키는 대책 또한 다양하게 제시했다. 현재 범죄학이론은 학자마다 구분방법이 다르지만 미시이론(개인환경이론)과 거시이론(사회환경이론)으로 나눌 수도 있고, 인간의 사회적 상호작용을 중심으로 사회구조이론, 사회과정이론, 사회반응이론, 갈등이론, **발달이론** 등으로 나누기도 한다. 이 중에서 범죄학계의 주류는 미시이론 또는 사회과정이론이라 할 수 있다. 인간의 다양한 범죄성을 한 가지 이론으로 밝힐 수는 없지만, 인간의 사회적 상호작용을 중심으로 한 개인환경이론이 지금까지 현장에서 경험적으로 가장 많이 검증되었다. 범죄학자들이 범죄의 원인을 규명하기 위해 개인환경이론을 분석도구로 많이 사용했다는 사실은 그만큼 그런 이론들이 설득력을 가진다는 뜻이다. 개인환경이론에는 수많은 이론이 있지만, 미국에서 2000년도 전까지 가장 많이 검증된 이론은 차별접촉/사회학습이론과 **사회유대이론**이다. 서덜랜드(Sutherland)의 차별접촉이론에 뿌리를 둔 에이커스(Akers)의 사회학습이론과 사회통제이론 중에서 가장 많이 검증된 허쉬(Hirschi)의 **사회유대이론**은 미국 사회의 각종 범죄의 원인을 규명하는데 상당한 역할을 했다. 이 교재는 미국 범죄학이론의 양대 산맥을 이루었던 에이커스와 허쉬의 이론 중에서 에이커스의 사회학습이론을 집중적으로 소개하고 설명하고자 한다.

이를 위해 2장에서는 사회학습이론의 모태가 된 서덜랜드의 차별접촉이론을 먼저 소개하고 분석할 것이다. 서덜랜드가 차별접촉이론을 개발하게 된 계기와 그가 한때 몸담았던 시카고학파의 학문적 업적 등을 함께 고려할 것이다. 1930년대 시카고지역의 사회문제를 해결하기 위해 시카고대학의 연구자들이 시카고지역 프로젝트를 진행하면서 밝혀낸 동심원구조이론, **사회해체론** 등을 설명할 것이다. 시카고학파와 개인적 친분이 있었던 서덜랜드가 도시의 범죄성을 지역사회수준에서 개인적 수준으로 끌어내려 분석하게 된 동기 등을 설명할 것이다. 서덜랜드는 처음부터 개인의 차별접촉이 범죄의 원인이라고 주장하지는 않았다. 시카고학파의 영향으로 그는 범죄분석의 단위를 지역사회에서 개인차원으로 가기 전에 '차별적 사회조직'

이라는 중간단계의 분석 틀을 사용하였다. 차별적 사회조직에서 개인단위의 차별적 접촉을 발견하여 차별접촉이론을 1939년에 발표했다. 서덜랜드가 범죄학계에 끼친 영향은 지대하다. 첫째는 방법론적으로 거시시준의 분석단위를 개인수준의 분석단위로 끌어들임으로써 동료학자들이 인간의 범죄성을 개인수준에서 분석하는 발판을 마련했다는 점이다. 둘째로 서덜랜드는 인간의 범죄성을 사회학 이론에 바탕을 둔 '**상징적 상호작용론**'을 중심으로 살펴보기 시작했다는 점이다. 인간은 사회적 동물이며, 지역사회에서 사회구성원들과 끊임없는 **상징적 상호작용**을 통해 삶을 영위해 나간다. 이 과정에서 어떤 사람들은 법에 순응하는 가치관을 가지고 또 다른 사람들은 법 위반에 호의적인 가치관을 형성하게 되는데 이 두 과정 모두 **상징적 상호작용**을 통한 학습의 과정으로 파악했다는 점에서 서덜랜드는 후대 범죄학이론에 엄청난 학문적 토양을 제공했다.

서덜랜드의 차별접촉이론은 그의 위대한 학문적 업적에도 불구하고 동료학자들의 비판을 받았다. 가장 큰 이론적 결함은 이론적 가정이 너무 추상적이어서 경험적으로 검증하기 어렵다는 것이었다. 차별접촉이론의 경험적 타당성을 타진한 여러 가지 이론들이 1950년 서덜랜드 사후 발표되었다. 3장에서는 이런 이론들을 간략하게 소개할 것이다. 글레이저(Glaser)는 1956년에 '차별적 동일시이론'을, 제프리(Jeffery)는 1965년에 '차별적 강화이론'을, 버제스(Burgess)와 에이커스는 1966년에 '차별접촉–강화이론'을 발표하면서 서덜랜드이론의 단점을 보완하려 노력했다. 그러나 동료학자들은 이 세 가지이론 중에서 버제스와 에이커스가 주장한 차별접촉–강화이론에 더 많은 지지를 보냈다. 에이커스는 이 이론을 좀 더 정교화시켜 1979년에 단독으로 사회학습이론을 학계에 제시했다. 3장에서는 사회학습이론의 탄생배경과 네 가지 구성요소들을 상세하게 설명할 것이다. 사회학습이론이 발표된 1979년 이후 미국에서 이 이론을 경험적으로 연구한 수많은 시도가 있었다. 경험적 연구에서 이 이론이 단독으로 또는 다른 경쟁적인 범죄이론과의 비교연구를 통해 이론의 논리적 타당성을 인정받았다. 뿐만 아니라 미국이 아닌 유럽권, 아시아권, 중동권, 남아메리카 지역, 한국에서도 사회학습이론은 경험적 검증 과정을 거쳤다. 한국에서는 주로 2000년 이후에 황성현과 그의 동료 연구자들에 의해 연구가 활발히 진행되었으며 타 이론과의 비교연구 결과 이 이론의 우수성이 검증되었다. 3장에서 사회학습이론의 경험적 연구결과들이 상세히 설명된다. 범죄학의 이론적 틀(창문)이 아무리 우수하더라도 범죄현장에서 이론의 논리적 타당성이 입증되지 못하면 이론으로서의 가치는 상실된다. 이런 이유로 사회학습이론이 청소년비행뿐만 아니라 성인범죄 및 여러 가지 범죄유형(약물남용, 성범죄, 사이버범죄 등)의 원인을 잘 설명하는 경험적 연구결과들을 설명하는 것은 중요한 의미를 가진다.

세상에 모든 유형의 범죄행위를 완벽하게 설명하는 범죄이론은 존재하지 않는다. 왜냐하면, 범죄자가 범죄를 저지르는 이유와 동기는 모래사장의 모래알처럼 헤아릴 수 없을 정도로 많기 때문이다. 이에 따라 인간의 범죄성을 분석하는 도구(이론) 또한 다양할 수밖에 없다. 이는 마치 우리가 마음속의 창을 통해 세상을 바라보는 시각이 다양하듯이, 다양한 심성을 가진 인간의 범죄성을 하나의 창문(범죄이론)으로 완벽하게 분석할 수 없다. 사회학습이론은 동료학자들에 의해 많은 비판을 받았다. 사회학습이론의 가장 큰 단점은 범죄원인과 결과의 순서가 뒤바뀌었다는 점이다. 예를 들면, 비행을 저지르는 청소년이 비행친구와의 차별적 접촉(원인)을 통해 비행을 학습한 후 각종 범죄를 저지른다(결과)는 것이 아니라 어떤 다른 이유와 동기로 인해 범죄를 저지른 후 그와 비슷한 형편에 놓인 비행친구들과 친해지게 된다는 것이다. 특히 허쉬는 가정에서 부모와의 유대가 약하거나 깨진 청소년이 가정 밖에서 범죄를 저지른 후 비행친구와 친해진다고 비판함으로써 사회학습이론의 **가설**이 잘못되었다고 비판했다. 또 다른 비판으로 학습이론을 포함한 개인환경이론들은 개인이 범죄를 저지를 수밖에 없는 사회구조나 환경의 변수들을 고려하지 않았다는 점이다.

사회학습이론의 한계점을 수정 · 보완하기 위해 에이커스는 1998년에 '사회구조와 사회학습이론(social structure and social learning theory)'을 제시했다. 이 이론에서 에이커스는 인간을 둘러싸고 있는 여러 가지 사회구조가 개인의 비행행위에 영향을 미친다는 거시이론가들의 주장을 받아들였다. 4장에서는 사회구조가 개인의 행동에 어떤 영향을 미치는지를 에이커스의 '사회구조와 사회학습이론'을 통해 살펴볼 것이다. 에이커스는 이 이론에서 개인의 범죄성향에 영향을 미치는 네 가지 사회구조를 제시했다. 물론 모든 사회구조가 개인의 행위에 영향을 미치는 것은 아니다. 그리고 **사회해체론**에서 주장하는 것처럼 사회가 급격하게 해체된 지역의 청소년들 대부분이 범죄를 저지르는 것도 아니다. 비록 열악한 사회 환경에 놓여 있는 사람들일지라도 법에 순응하는 생활을 유지한다. 어떤 사회구조가 개인의 범죄성향을 영향을 미치고 그 속에서 개인은 어떻게 범죄를 저지르게 되는지를 에이커스는 네 가지 사회학습이론의 구성요소들을 통해 설명한다. 즉, 개인이 처한 사회구조가 네 가지 사회학습이론에 영향을 미치고 이 요소들이 단독으로 때로는 합쳐서 개인의 범죄성향을 결정한다고 보았다. 4장에서는 네 가지 사회구조의 종류와 요소들이 사회학습변수에 어떤 미치는 영향을 미치는지를 경험적 연구결과를 통해 설명할 것이다. 경험적 연구결과를 제공하지 못하는 이론은 이론으로서의 가치가 없다. 1998년 에이커스의 사회구조와 사회학습이론이 발표된 이후 미국과 타 문화권에서 이 이론을 경험적으로 검증한 연구결과들이 많이 발표되었다. 4장에서 이런 연구결과를 바탕으로 사회구조가 사회학습이론에 영향을 미치고 다시 사회학습이론이 개인의 범죄성향을 설명하는 과정을 설명할 것이다.

(이미 언급했듯이) 사회를 관찰하는 이론적 틀(창)은 다양할 수밖에 없다. 엄청나게 넓고 아름다운 세상의 풍경을 한 창문으로 바라볼 수는 없는 것이다. 그러나 범죄학자들은 세상을 바라보는 이론적 창이 다양하게 존재해야 세상을 제대로 바라볼 수 있다는 사실에 대체로 동의하지만 각 각의 창들을 좀 더 크게 넓히고 통합한다면 세상을 좀 더 통합적으로 분석할 수 있다고 주장한다. 일련의 범죄학자들이 지금까지 각기 다른 창(이론)으로 인간의 범죄성을 분석하는 데서 좀 더 크고 더 넓은 세상을 바라볼 수 있는 이론적 창의 개발작업에 착수했다. 이 작업은 이전에 존재했던 여러 가지 창(이론)들을 하나로 통합하여 다양한 인간의 범죄성을 통합적으로 관찰하기 위한 작업에서부

터 출발했다. 그 첫 번째 시도로 엘리엇(Elliott)과 그의 동료들은 1985년에 사회통제이론, **긴장이론**, 사회학습이론이라는 세 가지 이론적 틀을 통해 청소년 약물남용의 원인을 분석했다. 분석결과, 긴장변수와 사회통제변수들이 직접적으로 청소년의 약물남용을 설명하는 것이 아니라 반드시 **매개변수**로 사용된 비행친구와의 접촉이라는 사회학습변수를 거쳐야 한다고 주장했다. 5장에서는 범죄학계에서 불고 있는 각 이론의 통합작업에 관해 설명할 것이다. 물론 모든 범죄학자가 이론통합에 찬성하는 것은 아니다. 허쉬는 각 이론의 양립 불가능성과 다양성을 훼손하는 이론통합작업에 반기를 들었다. 왜냐하면, 각 이론이 뿌리를 두고 있는 이론적, 철학적 가정(가설)이 다 다르기 때문에 이론통합은 불가능하다고 주장한다. 그럼에도 불구하고 지금까지 범죄학이론의 통합작업은 꾸준하게 시도되었다. 5장에서는 사회학습이론을 중심으로 한 일련의 이론통합작업을 소개할 것이다. 이론통합에 첫 단추를 낀 엘리엇과 그의 동료들의 연구결과를 소개하고, 1998년 거시구조와 미시이론을 통합한 에이커스의 사회구조와 사회학습이론의 통합 가능성을 설명할 것이다.

6장 결론 부분에서는 지금까지 논의한 사회학습이론을 다시 정리하고 사회학습이론을 포함한 범죄이론들이 갖추어야 할 몇 가지 조건을 소개할 것이다. 그것은 논리적 일관성(logical consistency), 개념의 명확성(conceptual clarity), 범위(scope)와 정확성(accuracy), 간결성(parsimony), 검증가능성(testability), 경험적 타당성(empirical validity), 규칙성(regularity), 유용성(usefulness)과 정책적 함의(policy implications) 등이다(Akers, et al., 2016). 사회학습이론이 이런 조건들을 과연 갖추고 있는지를 설명할

으로써 사회학습이론의 이론적 타당성을 설명할 것이다. 우리가 세상을 바라보는 마음의 창(이론)이 비뚤어져 있거나 제대로 설치되어 있지 않으면 사물의 본질이나 세상의 아름다움을 제대로 볼 수 없다. 마찬가지로 사회학습이론이 이론으로서 갖추어야 할 몇 가지 조건을 가지지 못한다면 인간의 범죄성을 제대로 파악할 수 없을 것이다. 이런 의미에서 사회학습이론이 범죄의 원인을 설명하는 우수한 이론으로 평가받을 수 있는 조건들을 결론 부분에서 간략하게나마 언급하는 것은 필요하다. 또한 이론이 우리 사회의 범죄율을 낮추는데 일조할 수 있는 부분은 이런 이론들을 바탕으로 한 정책적 함의, 실행 프로그램들이 존재하느냐에 달려 있다. 사회학습이론에 뿌리를 두고 있는 미국의 여러 가지 범죄예방 프로그램을 간략하게 소개하고 한국에서 이런 사회학습 프로그램들이 잘 작동할 수 있는지에 대해 예측함으로써 학습이론의 전반적 논의를 마무리하고자 한다.

제2장
이론적 배경

01 사회학습이론 배경

에이커스의 사회학습이론(social learning theory)은 그가 개발한 범죄와 일탈행위에 관한 이론을 말한다. 사회학습이론은 인간의 다양한 행동을 설명하기 위해 사회학자와 심리학자에 의해 개발된 이론이지만 주로 범죄행위에 대한 설명으로 활용되었다. 에이커스의 사회학습이론은 원래 서덜랜드(Sutherland)의 차별접촉이론(differential association theory)의 행동주의적 측면을 개정 · 확장한 버제스(Burgess)와 에이커스(Akers)의 차별강화이론(differential association-reinforcement theory)에서 출발한다. 에이커스의 사회학습이론을 파악하기 위해서는 이 이론의 뿌리였던 서덜랜드의 차별접촉이론을 먼저 살펴볼 필요가 있다.

02
차별접촉이론

(1) 개인적 배경

서덜랜드는 20세기에 가장 영향력 있는 범죄학자 중 한 명으로 알려져 있다. 그는 1883년 네브래스카(Nebraska)주 기븐(Gibbon)에서 출생했다, 1913년 시카고대학에서 사회학전공 박사학위를 받은 후 캔자스대학, 일리노이 대학, 미네소타대학 등에서 강의와 연구에 전념했다. 특히 미네소타 대학교에서 일한 1926년과 1929년 사이에 미

(Edwin H. Sutherland : 1883-1950)

국 최고의 범죄학자 중 한 사람으로 명성을 떨쳤다(위키피디아, 2020). 1930년에 서덜랜드는 그가 박사학위를 받은 시카고대학에서의 교수직을 수락받아 5년 동안 시카고대학에 재직하였으며 1935년에 인디애나대학 사회학과로 옮겨 1950년 10월 사망할 때까지 그 대학에서 교수직을 수행했다.

(2) 학문적 배경

서덜랜드의 학문적 배경에 상당한 영향을 미친 시카고대학은 그 당시 '시카고학파(Chicago school)'라 불릴 정도로 사회학(특히 도시사회학)에서 주도적인 역할을 했다. 시카고학파는 1920년–1930년대 시카고대학교(university of Chicago)의 사회학과에서 가르치고 배우고 있었던 한 집단의 사회학 연구자들을 일컫는 말이다. 20세기 초 미국은 외국에서 밀려오는 이민자들로 인해 대도시 내에서의 교통, 주택, 빈곤, 범죄 등 다양한 사회문제에 직면했다. 이런 당면 사회문제를 해결하기 위해 시카고대학교 사회학과의 교수와 학생들은 시카고 지역의 도시문제를 연구하기 시작했다. 일명 '시카고학파'로 불리는 학자들로는 로버트 파크(Robert park), 어네스트 버제스(Ernest Burgess), 루이스 워스(Louis Wirth) 등이며 이 중에서 시카고학파의 창시자는 파크이다. 파크는 '인간생태학(human ecology)'이란 개념을 처음 사용하여 도시에 관한 과학적인 분석을 시도했으며, 워스(Louis Wirth)는 '도시성(urbanism)'이론으로, 버제스(Burgess)는 '동심원이론(concentric zone theory)'을 통해 시카고 지역의 도시문제 해결방안을 제시했다.

(Robert E. Park : 1864-1944) (Ernest Burgess : 1866-1966) (Louis Wirth : 1897-1952)

이들은 도시에 대한 사회생태학(social ecology) 연구를 통해 도시 근린 지역의 가족이나 학교 등과 같은 사회제도의 붕괴, 즉 사회 해체가 사회 구성원의 행위에 대한 통제 능력을 약화시켜 높은 범죄율을 발생시키는 요인으로 작용하고 있음을 밝혔다. 이런 연구 결과는 범죄 현상이 개인적 병리 현상과 같은 개인적 특성에서 연유한 것이라기보다는 건전한 사회적 관계나 정서적 발달에 부적합한 사회적 환경에서 연유한 것이라는 점을 시사한다. 시카고학파 중 범죄학에 직접적인 영향을 받은 대표적 학자와 이론으로는 파크와 버제스의 제자인 쇼와 맥케이(Shaw & Mckay, 1942; 1969)의 **사회해체론**(social disorganization theory), 쇼와 맥케이의 **사회해체론**을 전승하여 사회통제의 약화는 비행을 유발한다는 **사회통제이론**(social control theory)과 허쉬(Hirschi)의 **사회유대이론**(social bonding theory), 베커(Becker, 1963)의 **낙인이론**(labeling theory), 시카고대학 출신인 서덜랜드의 차별접촉이론, 버제스와 에이커스의 '차별접촉-강화이론(differential association-reinforcement theory)' 등이다.

(Clifford R. Show : 1895-1957) Henry D. McKay : 1899-1980)

시카고학파의 인간생태학연구는 지역사회의 환경이 범죄율에 중요한 역할을 한다는 사실을 시사함으로써 서덜랜드의 차별접촉이론의 개념화 작업에 이바지했다. 시카고학파는 도시의 사회병리현상을 해결하기 위해 비록 거시적 시각으로 접근했지만, 미시적 범죄이론에도 많은 영향을 미쳤다. 예를 들면, 서덜랜드의 차별접촉이론, 버제스와 에이커스의 차별접촉-강화이론은 도시 내 범죄발생의 원인을 거시적 접근이 아닌 미시적, 개인적 시각에서 밝히고자 노력한 이론이다. 이는 범죄의 원인을 거시적으로 접근한 대표적인 '**사회해체론**'의 단점을 보완하기 위한 일련의 움직임에서 시작되었을 것이다. **사회해체론**의 단점으로 첫째, 그 당시 시카고지역의 도시빈민지역의 높은 범죄율을 분석하기 위한 분석자료로 법원의 범죄기록에 의존했다. 그러나 범죄의 공식통계에 대한 신뢰성은 지금까지도 많은 범죄학자에 의해 비판을 받고 있기 때문에 범죄의 원인을 살펴보는 데 한계점이 있었다. 둘째, 어떤 물질적, 경제적, 인구 및 가족적 상황을 '사회해체'라고 판단할 것이냐는 의문점이 있었다. 학자마다 사회해체에 대한 개념적 정의가 상이하기 때문에 객관적인 분석단위로서

적합하지 않다는 점이다. 마지막으로 다른 연구결과에 따르면, 사회해체가 가장 심각한 지역에서조차 범죄에 가담하는 청소년과 성인들의 비율은 극히 제한되어 있었다는 것이다. 즉, 사회해체지역에서 자란 청소년의 대부분이 범죄에 가담하지 않는다는 사실을 어떻게 설명할 것인가 하는 점이었다. 이런 **사회해체론**의 한계점을 극복하기 위해 시카고학파와 연관된 범죄학자들은 범죄분석의 단위를 지역, 거시적 관점인 경제적 빈곤, 이혼율, 가정폭력률 등에서 개인의 범죄율, 개인특성, 개인 환경적 특성 등으로의 전환점을 고려했을 것이다.

서덜랜드는 대부분의 시카고학파 범죄학자들과 마찬가지로 범죄에 대한 개인적, 미시적 설명을 거부했다(Lilly et al, 2011). 쇼와 맥케이와 학문적 유대관계가 강했던 서덜랜드는 범죄분석의 단위로 개인이 아닌 '차별적 사회조직(differential social organization)' 개념을 사용했다. 서덜랜드는 지역사회나 집단조직이 범죄율에 영향을 미친다는 명제를 그의 사상으로 만들어냈지만, 그는 비행적인 가치가 세대에서 세대로 전수된다는 쇼와 맥케이의 관찰에 근거하여 더욱 체계적으로 그것을 이론화하였다(Lilly et al, 2011).

[그림 2-1] 사회해체론이 차별접촉이론에 미친 영향

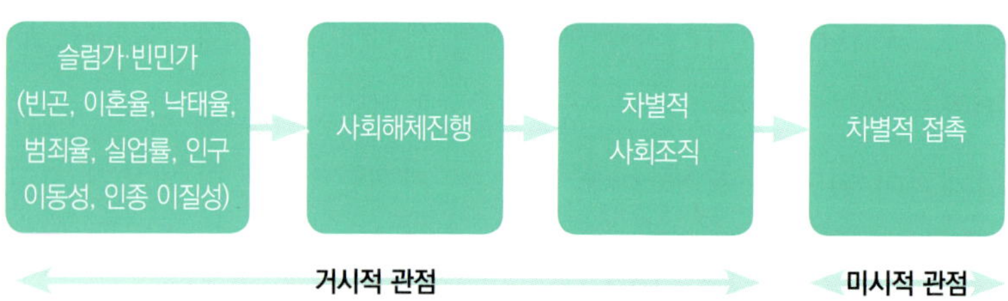

[그림 2-1]에서 시카고학파의 거시적 관점을 물려받은 서덜랜드는 이에 한 발짝 더 나아가 슬럼가와 빈민가로 대표되는 빈곤지역의 거주자들은 늘 빈곤에 시달렸으며 이혼율, 낙태율, 범죄율, 실업률, 인구 이동성, 인종 간 이질성 등이 다른 지역거주자들보다 월등하게 높다는 사실을 발견했다. 이런 환경에서 자란 청소년은 다른 지역의 청소년보다 범죄에 노출될 가능성이 컸다. 서덜랜드는 범죄발생의 원인으로 사회해체가 급속하게 진행되는 지역에서는 차별적 사회조직이 존재한다는 사실을 발견했다. 차별적 사회조직의 구성원들은 차별적 접촉을 통해 범죄에 대한 우호적인 정의를 가지게 된다고 보았다. 즉, 서덜랜드 이론의 탁월성은 '차별적 사회조직'이라는 거시적 수준의 개념을 '차별적 접촉'이라는 미시적 수준의 개념으로 끌어내려 범죄발생의 원인을 파악했다는 점이다. 차별적 사회조직에서 차별적 접촉으로 발전시킨 서덜랜드의 이론은 사회해체이론가들의 주장과 차별화되는 구분점이 되었다.

(3) 중심내용

서덜랜드는 1939년 범죄학 교재인 '범죄학의 원리(principles of criminology)' 3판을 통해 범죄학이론에 대한 첫 공식 입장을 발표했다(Sutherland, 1939). 1947년 출간된 제4판에서는 차별접촉이론에 대한 동료 학자들의 비판을 수용하여 이론을 약간 수정했다(Sutherland, 1947). 이 시기에 차별접촉이론은 범죄학의 사회과정이론 중에서 가장 체계적이고 영향력 있는 이론으로 평가받았다.

서덜랜드의 주장에 따르면, 범죄는 유전되는 것이 아니라, 친밀한 집단 내에서 대인관계 소통과 사회적 상호작용을 통해 행위양식이 학습되는 것과 같은 방식으로 학습된다는 것이다(Sutherland, 1947). 학습은 친밀한 집단 구성원들과의 사회적 상호작용과 의사소통을 통해 이루어지며, 이런 상호작용을 통해 범죄행위의 기술적 요소와 규범적인 요소들이 학습된다. 범죄행위의 기술적 요소(technical components of criminal behavior)는 범죄를 저지르는데 필요한 구체적 기술과 방법을 말하며, 범죄행위의 규범적 요소(normative components of criminal behavior)는 범죄가치, 태도, 동기, 추진력, 합리화 등을 의미한다. 특히 서덜랜드는 범죄행위의 규범적 요소를 '정의(definition)'로 규정했다. **중요한 타자**(significant others)와의 사회적 상호작용을 통해 학습되는 것은 범죄를 저지르는 기술뿐만 아니라 범죄에 우호적인 특정한 태도와 동기부여도 포함된다.

그러나 사람들이 범죄자의 태도와 동기에 노출되고 심지어 범죄를 저지르는 구체적인 방법을 알고 있다 하더라도 그 사람이 범죄활동에 바로 참여하지는 않는다. 서덜랜드의 말을 인용하면 '어떤 사람이 범죄자가 되는 이유는 '법 위반에 대한 비우호적 정의(definitions unfavorable to violation of law)'보다 '법 위반에 대한 우호적 정의(definitions favorable to violation of law)'가 그 사람을 지배하기 때문이다'라고 주장하였다(Sutherland, 1947). 예를 들면, 어떤 청소년이 편의점에서 물건을 훔치는 행위는 "다른 또래집단 친구들도 가끔 한 번씩 다 그렇게 하므로 아무런 문제가 없다"고 생각한다면(법 위반에 대한 우호적 정의), 청소년들은 "어떠한 상황에서도 절도행위를 해서는 안 된다"(법 위반에 대한 비우호적인 정의)는 사실을 무시하고 절도범죄를 저지를 것이다. 서덜랜드는 이런 법 위반에 대한 우호적 정의는 범죄자와의 '차별적 접촉(differential associations)'이라는 사회적 상호작용을 통해 학습된다고 주장했다. 즉, 모든 사회는 법규범과 관련된 바람직한 정의와 바람직하지 않은 정의가 나란히 존재하지만, 범죄자들이 사회적 상호작용을 통해 어떤 사람에게는 법규범에 바람직한 정의를, 또 다른 사람에게는 법 위반에 대한 바람직하지 않은 정의를 다르게 적용한다는 사실을 강조하기 위해 '차별적 접촉'이란 개념을 사용했다(Cressey, 1960).

서덜랜드에 따르면, '정의'는 일탈에 대한 태도, 일탈을 정당화할 수 있는 특정한 합리화, 일탈행위를 저지르는 데 필요한 동기를 포함한다고 주장한다(Sutherland, 1947). 정의는 **상징적 상호작용**의 과정을 통해 친밀한 집단 내에서 학습된다. 범죄성(criminality)에 대한 개인적 정의는 친구와의 차별적 접촉에 달려 있다. 비행을 자주 저지르는 친한 친구는 청소년 자신에게 법 위반에 대한 우호적 정의를 학습시키고 그런 학습과정을 통해 청소년 자신 또한 법 위반에 대한 우호적 정의를 가지게 되어 범죄 및 일탈행위를 저지를 가능성이 높아지는 것이다. 서덜랜드는 범죄행위를 다른 일반적인 인간의 규범적 행위와 동일하게 학습과정의 결과물로 파악했지만 이 학습과정에서 사회 구성원들과의, 특히 **중요한 타자**와의 접촉은 동일하게 발생하지 않는다고 주장했다(Sutherland, 1947).

서덜랜드는 일탈친구와의 접촉의 성격을 규정하는 네 가지 조건을 명시했다(Sutherland, 1947). 첫째 조건은 비행친구와 교제하는 '빈도

(frequency)'이다. 비행친구와의 접촉 빈도가 잦을수록 개인의 일탈 가능성은 높아진다. 두 번째 조건은 '지속시간(duration)'이다. 지속시간은 비행친구들과의 짧고 우연하게 만나 교제하는 것이 아니라 그들과 얼마나 많은 시간을 함께 공유하느냐에 따라 일탈 가능성이 높아진다. 세 번째 조건은 '우선성(priority)'이다. 우선성은 비행친구들을 얼마나 일찍 만났느냐를 파악하는 개념이다. 즉, 인간의 삶에서 일찍 발생하는 만남은 나중에 청소년 후기나 성인기에 발생하는 접촉보다는 더 중요한 영향을 미친다. 네 번째 조건은 '강도(intensity)'이다. 강도는 비행친구와 **동일시**하는 정도를 의미한다. 강도는 청소년 자신이 자주 만나는 친구들을 어떻게 평가하느냐의 문제로 귀결된다. 예를 들면, 일반인들은 사회적으로 명성이 있는 사람들이나 존경을 받을만한 사람들과의 만남이나 교제를 그냥 단순히 평범한 친구들의 만남보다 더 중요하게 생각한다. 이처럼 비행친구와의 접촉을 평범한 친구들과의 접촉보다 자신에게 더 중요하고 의미 있다고 생각하는 청소년은 강도면에서 비행친구와의 접촉이 자신에 더 많은 영향을 미친다. 요약하면, 어떤 사람이 비행친구와의 차별적 접촉에서 빈도가 잦을수록(빈도), 짧고 우연한 만남이 아니라 하루 일상의 대부분을 그들과 함께 할수록(지속시간), 비행친구들을 만난 시기가 이르면 이를수록(우선성), 비행친구들이 자신에게 중요한 의미를 가진다고 생각하고 그들과의 접촉이나 만남을 좋아할수록(강도), 청소년 자신이 비행이나 범죄를 저지를 가능성은 높아진다.

서덜랜드는 체계적인 범죄행위가 진행되는 구체적인 과정으로 9가지 기본 원리를 설명했다.

〈표 2-1〉 차별접촉이론의 9가지 명제

① 범죄행위는 학습된다.
② 범죄행위는 의사소통을 통한 상호작용으로 학습된다.
③ 범죄행위의 학습에서 중요한 사항은 친밀한 인격적 집단에서 이루어진다.
④ 범죄행위가 학습될 때, 학습내용은 범죄기술, 구체적인 동기나 욕구, 합리화와 태도 등이다.
⑤ 구체적인 동기나 욕구의 방향은 법을 우호적이거나 비우호적으로 정의하는 것으로부터 학습된다.
⑥ 법 위반에 호의적인 정의가 법 위반에 비호의적인 정의보다 클 때, 개인은 비행을 저지르게 된다.
⑦ 차별적 접촉양상은 **빈도, 지속성, 우선성, 강도**의 측면에서 다양하다.
⑧ 범죄적 또는 반범죄적 유형과의 접촉에 의한 범죄행위의 학습과정은 다른 학습과정에 포함된 모든 기제를 포함한다.
⑨ 비록 범죄행위가 일반적 욕구와 가치의 표출이라 하더라도, 범죄행위는 일반적 욕구와 가치에 의하여 설명되지는 않는다.

(출처 : Sutherland, 1947)

① 범죄행위는 학습된다:

이 명제는 범죄자의 타고난 생물학적 결함, 심리적, 내적 특성이나, (시카고학파에서 주장하는) 사회구조적, 환경적 문제 때문에 발생한다는 이전 범죄학계의 주장과는 확연하게 차별화된다. 범죄행위는 일상적인 규범적 행위와 마찬가지로 사회구성원들과의 **상징적 상호작용**을 통하여 학습된다는 것이다.

② 범죄행위는 의사소통을 통한 상호작용으로 학습된다:

이 명제는 범죄행위가 단순히 범죄를 유발하는 열악한 환경, 개인의 낮은 지능이나 가정불화 등과 같은 개인적 특성 때문이 아니라 열악한 환경 속에서 범죄에 우호적인 정의를 가진 **중요한 타자**들과의 상호작용을 통해서 학습된다는 것이다. 예를 들면, 폭력적인 가정환경에서 자란 청소년은 가정불화를 가장 빠르게 해결하는 방법으로 가정폭력을 학습하게 된다. 또 다른 예로 폭력적인 영화나 게임에 자주 노출되는 청소년은 폭력의 정당성을 모방하기보다는 그것을 함께 본 **중요한 타자**들이 폭력에 우호적인 정의를 자신에게 강요하거나 합리화하는 과정을 배움으로써 폭력의 정당성을 학습하게 된다는 것이다.

③ 범죄행위의 학습에서 중요한 사항은 친밀한 인격적 집단에서 이루어진다:

이 명제는 사회학에서 개인의 **사회화과정**이나 인격형성에서 중요한 역할을 하는 것으로 **중요한 타자**의 역할을 강조한 내용이다. 예를 들면, 청소년들의 폭력성은 대중매체(영화, 드라마, 유튜브 등)나 폭력적인 게임을 통한 간접적인 모방(imitation)을 통해 학습되기도 하지만, 평소 자주 어울리고(빈도), 자신이 어울리고 싶어 하고 소중하다고 생각하는(강도) 비행친구집단의 직접적인 폭력을 목격하거나 가담함으로써 폭력성이 학습된다. 즉, **일반화된 타자**(generalized others)와의 상호작용보다는 **중요한 타자**와의 상호작용을 통한 학습이 더 중요한 역할을 한다는 것이다.

④ 범죄행위가 학습될 때, 학습내용은 범죄기술, 구체적인 동기나 욕구, 합리화와 태도 등이다:

이 명제는 범죄행위가 학습될 때 기술적 요소에 해당되는 범죄기술뿐만 아니라 규범적 요소에 해당되는 범죄동기, 욕구, 범죄에 대한 합리화, 태도 등과 같은 '정의'를 학습한다는 것이다. 특히 서덜랜드는 범죄학습의 기술적 요소보다는 규범적 요소를 더 강조했다. **사회해체론**자들은 범죄의 원인을 사회규범이 급속하게 해체된 슬럼가나 전이지역을 주된 원인으로 파악했지만, 실제로 그런 빈민가에 살고 있는 대부분의 청소년들은 범죄를 저지르지 않았다. 비록 좋지 않은 환경 속에서 생활하는 청소년들은 비행친구들과 접촉을 하지만 범죄에 대한 우호적인 정의(범죄동기, 욕구, 합리화, 태도 등)를 학습하는 것을 원치 않기 때문이다. 만약 절도범죄를 학습한다고 가정할 경우, 절도에 필요한 잠금장치 제거나 파괴 등의 기술적 요소뿐만 아니라 당장 돈이 필요하다거나(절도동기), 절도를 통해 자신의 긴장이나 스트레스를 푼다거나(욕구), 청소년들이 사소한 물건을 훔치는 것은 친구들 사이의 재미있는 장난이나 모험심이지 범법행위가 아니라거나(합리화), 사소한 절도행위는 비난받을 행위가 아니다(태도)라는 범죄에 우호적인 정의를 비행친구들을 통해 학습하게 된다면 그 청소년은 절도행위를 할 가능성이 높아진다.

⑤ 구체적인 동기나 욕구의 방향은 법을 우호적이거나 비우호적으로 정의하는 것으로부터 학습된다:

⑥ 법 위반에 호의적인 정의가 법 위반에 비호의적인 정의보다 클 때, 개인은 비행을 저지르게 된다:

이 두 명제는 전이지역에서 사는 대부분의 청소년이 범죄행위를 하지 않지만, 일부 비행친구와의 차별적 접촉을 가지는 청소년들만이 범죄행위를 저지른다는 사실을 증명하는 **가설**이다. 사회구성원들은 법에 대한 우호적인 정의를 가질 수도 있고, 비우호적인 정의를 가질 수도 있다. 대부분의 사회구성원은 사회제도의 윤리적 교육과 가정교육을 통해 사회적 관습이나 법을 지켜야 한다는 사실을 꾸준하게 학습한다. 그러나 일부 청소년은 과거의 경험을 통해 법을 지키지 않음으로써 얻을 수 있는 이익(**긍정적 강화**)이 법을 위반함으로써 받는 비난이나 처벌(**부정적 강화**)보다 더 크다는 사실을 터득한다. 예를 들면 절도를 저지른 후 경찰에 적발되지 않았거나, 비행친구들로부터 칭찬을 받았거나, 실제로 금전적 이득을 본다거나, 자신이 절도에 성공함으로써 무슨 일이든 다 할 수 있다는 자신감을 가진다면(에이커스는 이를 '**긍정적 강화**–positive reinforcement)' 라는 용어로 표현한다.) 절도행위를 계속할 것이다.

⑦ 차별적 접촉양상은 빈도, 지속성, 우선성, 강도의 측면에서 다양하다:

이 명제는(접촉의 성격을 규정하는 네 가지 조건에서 이미 설명한 것처럼) 차별적 접촉을 하는 모든 청소년이 비행을 저지르지 않는다는 사실을 설명한다. 절도행위의 예를 들면, 절도를 자주 저지르는 비행친구들과의 자주 만날수록(빈도), 그들과 오랜 시간을 함께할수록(지속기간), 그들을 어린 시절에 만날수록(우선성), 그들이 자신의 일상에 중요한 부분을 차지함으로써 그들과의 만남을 좋아하거나 기대할수록(강도), 청소년 자신이 절도범죄를 저지를 가능성은 증가한다. 하지만 위의 네 가지 조건 중에서 한 가지 또는 몇 가지가 충족되지 않으면 범죄를 멈추거나 멀리하게 된다. **발달**(발전)**이론**(development theory)에서 모피트(Moffitt)는 대부분의 비행청소년들은 두 가지 경로 중 하나를 따른다고 주장한다(Moffitt, 1993). '청소년한정범죄자(adolescent-limited offender)' 와 '생애과정지속자(life course persister)' 중 어린 시절 문제성향과 문제행동을 보인 생애과정지속자인 일명 '초기진입자(early-starters)'는 평생 폭력 등 심각한 범죄를 저지를 가능성이 큰 반면, 어려서 문제행동을 보이지 않은 청소년한정범죄자인 '후기진입자(late-starters)'는 청소년기간에만 비행을 저지르고 이 시기가 지나면 비행을 멈춘다는 것이다. 이 두 가지 경로 중 후기진입자는 청소년기에 비행청소년들과의 차별적 접촉을 통해 비행행위를 학습할 가능성이 큰데 이는 서덜랜드의 우선성과 일맥상통한다. 즉, 어린 시절부터 비행을 자주 저지르는 친구들과 일상생활을 공유할수록 생애과정지속자가 될 가능성이 높지만, 비행친구와의 우선성 조건을 가지지 않는 청소년한정범죄자는 청소년 시기가 지남에 따라 자연스럽게 비행행위를 그만두게 된다.

(Terrie E. Moffitt : 1955-현재)

⑧ 범죄적 또는 반범죄적 유형과의 접촉에 의한 범죄행위의 학습과정은 다른 학습과정에 포함된 모든 기제를 포함한다:

이 명제는 서덜랜드가 강조한 범죄행위에 대한 우호적인 정의나 비우호적인 정의 모두는 일반적인 학습경로와 동일한 과정을 밟는다는 **가설**을 의미한다. 즉 청소년들이 가정이나 학교에서 사회의 규범적 행위를 학습하는 것과 같이 범죄행위는 주로 비행친구와의 차별적 접촉을 통해 학습된다는 것이다.

⑨ 비록 범죄행위가 일반적 욕구와 가치의 표출이라 하더라도, 범죄행위는 일반적 욕구와 가치에 의하여 설명되지는 않는다:

이 명제는 범죄행위의 동기가 관습적 행동의 동기와 논리적으로 같을 수 없다는 사실을 설명한다(Siegel, 2018). 예를 들면, 사회구성원들은 일반적으로 사회적 지위나 명예, 부의 획득을 원하지만, 이를 실현하는 과정에서 대부분의 구성원은 합법적인 방법을 통해 이를 성취한다. 서덜랜드는 돈이나 사회적 지위를 원하면서 좌절이나 낮은 자존감을 극복하려는 욕구나 동기가 범죄의 원인이 될 수 없다고 주장한다(Siegel, 2018). 즉, 범죄자들이 그들의 현재 계급이나 신분을 상승시키기 위해 범죄를 저지른다고 주장하지만, 그런 욕구가 아닌 범죄에 대한 호의적인 정의에 더 많이 노출되거나 학습함으로써 범죄를 저지른다는 것이다.

서덜랜드는 범죄학습과정을 9가지의 기본 원리로 설명했는데, 그 중에서 가장 중요한 차별접촉이론의 원리로 “범죄행위는 학습되며

(첫 번째 명제), 법 위반에 호의적인 정의가 법 위반에 비호의적인 정의보다 클 때, 개인은 비행을 저지르게 된다(여섯 번째 명제)"를 지적했다(Sutherland, 1947). 즉, 범죄행위는 범죄를 자주 저지르는 또래친구들과의 차별적 접촉을 통해 학습되며 주로 법 위반에 호의적인 정의를 지지할 때 범죄가 발생한다는 것이다. 예를 들면, 어떤 청소년이 "어른들도 술과 담배를 하는데 학생이라고 해서는 안 된다는 정의에 동의할 수 없다."고 주장하고(여섯 번째 정의인 법 위반에 대한 우호적인 정의), 그와 친하게 지내는 친구들이 거의 다 술과 담배를 한다면(첫 번째 정의인 친구와의 차별접촉) 그 청소년은 술과 담배를 할 가능성이 커진다.

9가지 전제를 통해 범죄행위는 친한 친구집단과의 차별적 접촉을 통해 학습된다는 서덜랜드의 이론은 1930년대에 범죄의 원인을 거시적 차원의 사회해체 결과물로 파악하는 주류사회에 큰 반향을 일으켰다. 차별접촉이론은 범죄를 사회구조의 부정적인 부산물로 보는 것이 아니라, 사회구성원들 간의 **상징적 상호작용**의 결과로 나타난다는 점을 강조했다. 서덜랜드이론은 시카고학파를 중심으로 한 **사회해체론**과는 반대로, 미시적인 접근을 시도한 효시적인 이론으로 이후 범죄를 개인적 측면에서 파악하는 다른 이론들에 큰 영향을 미쳤다(황성현 외, 2020).

(4) 경험적 연구

1960년에 서덜랜드의 제자 크레시(Cressey)는 차별접촉이론의 추상성과 모호성 때문에 경험적으로 검증되기 힘들 것이라고 언급했음에도 불구하고(Cressey, 1960), 차별접촉이론의 탁월성과 논리적 타당성에 매료된 많은 학자가 이 이론을 경험적으로 검증하는 과정을 거쳤다. 특히 1988년 마쓰에다(Matsueda)가 서덜랜드의 차별접촉이론을 재해석하면서 충분히 경험적으로 검증가능하다는 논문을 발표한 이후로 활발한 연구가 이루어졌다(Matsueda, 1988).

(Donald R. Cressey : 1919-1987)

첫째, 그는 많은 연구에서 더 많은 비행친구와 사귀는 청소년이 비행을 저질렀다고 보고한 점을 들어 이 이론을 지지한다고 주장했다. 둘째, 마쓰에다는 많은 연구에서 법에 우호적인 정의가 무엇인지에 주목하여 그 정의가 비행이나 범죄행동과 관련이 있음을 제시했다. 셋째, 마쓰에다는 최근 통계기법의 발전으로 서덜랜드의 주장, 특히 법 위반에 대한 우호적이거나 비우호적인 정의의 비율을 포함하여 복잡한 인과과정을 잘 검증할 수 있다고 주장했다(Bernard et al., 2016).

차별접촉이론의 경험적 연구결과, 비행친구와의 접촉을 비행을 저지르게 되는 가장 중요한 원인으로 다루고 있다. 접촉하는 친구들의 비행성향이 높을수록 비행에 호의적인 가치나 태도를 학습하게 되고 이를 내면화하면서 비행을 저지르게 된다고 설명한다(Sutherland & Cressey, 1978). 비행동료와의 접촉은 비행을 저지르는 것에 선행하여 나타나며, 비행친구의 숫자와 비행정도의 강력한 관련성이 있다(Elliott & Menard, 1996). 호츠테틀러(Hochstetler)와 그의 동료들의 연구에 따르면, 일탈친구와의 접촉은 집단적으로나 개인 행위에 있어서 범죄를 지지하는 일탈 태도를 유지하게 만드는 것으로 나타났다(Hochstetler et al., 2002). 일탈행동을 지지하는 태도를 갖는 사람들은 일탈행동을 저지를 가능성이 높으며 비행친구와의 접촉은 자신의 범죄경력 발달과 밀접한 관련이 있었다(Walters, 2015). 이 연구에서 일탈적인 친구들의 영향력은 인종과 계층을 통제한 후에도 통계적으로 유의미한 상관관계를 나타냈다. 그 이유는 또래집단 내에서 지위가 높은 리더들이 일탈적인 행동에 영향을 미치고 범죄의 합리화 과정을 통해 일탈행동을 정당화하기 때문이었다(Younts, 2008). 차별적 접촉은 문화를 초월한 범보편적 현상이었으며(Hartjen & Priyadarsini, 2003), 차별접촉이론을 다른 국가나 문화권에서도 범죄행위와 유의미한 상관관계를 나타냈다.

차별접촉이론을 검증한 국내의 많은 연구들은 비행을 자주 저지르는 비행친구와의 차별적 접촉과 법 위반에 대한 우호적 정의를 가질수록 비행 가능성이 높은 것으로 나타났다(고순청 · 이승현 · 이창한, 2018; 김준호 외, 1989; 김지혜, 2005; 김희영 외, 2005; 박정선 · 황성현, 2013; 유진이 · 탁분희, 2007; 이성식, 1998; 2007; 이성식 · 전신현, 2001; 이익섭 · 김근식, 1998; 정익중, 2005; 최규련, 2010; 최선희 · 김희수, 2006; 홍태경 · 류준혁, 2011).

이익섭과 김근식(1998)은 청소년 비행화의 요인으로 친구요인의 영향력을 설명했으며, 김희영 외(2005)는 중학생을 대상으로 한 연구를 통해 비행에 대한 친구의 태도와 압력이 영향을 준다고 주장했다. 국내 초등학교 4~6학년 학생을 대상으로 아동의 비행행동과 생태 체계적 요인들과의 연관성을 살펴본 최선희와 김희수(2006)는 아동비행에 가장 관련성이 높은 요인으로 비행또래친구 유무로 꼽았으며, 비행또래친구가 있는 경우의 아동 비행률이 비행또래친구가 없는 경우에 비해 약 네 배 가까이 높은 것으로 나타났다. 비행친구와의 접촉은 비행을 저지르는 원인 중 가장 직접적이면서도 중요한 요인으로 지목되었다(김준호 외, 1989; 이성식, 1998). 실제 아르바이트 청소년들은 노동현장에서 학교의 친구들과는 다른 유형의 동료들과 어울리게 되는데, 이들 가운데에는 가출이나 빈곤 상태에 처해 있어 비행의 위험성이 상대적으로 높거나 나이가 많은 연장자로서 성인문화를 미리 접한 경험을 가지고 있는 청소년들이 상당수 존재하며, 이들을 통해 비행을 배우거나 술이나 약물을 비롯한 성인문화를 전수할 가능성이 높은 것으로 나타났다(김지혜, 2005). 9,293명의 청소년을 대상으로 한 연구에서 비행친구의 영향력은 연령이나 성별과 관계없이 일관된 모습을 보여, 청소년비행의 요인 중 가장 강력한 요인으로 나타났다(홍태경 · 류준혁, 2011).

또 다른 연구로, 고순청 · 이승현 · 이창한은 한국아동 · 청소년패널자료의 고등학교 3학년과 대학교 1학년의 범죄에 미치는 **독립변인**들의 영향을 연구하였다. 연구결과, 고등학교 3학년과 대학교 1학년 자료 모두에서 친구와의 차별적 접촉변수가 **지위비행**을 제외한 10가지 청소년 **중비행**을 가장 잘 설명하는 것으로 나타났다(고순청 · 이승현 · 이창한, 2018). 그들은 이 연구에서 청소년들의 인생여정에서 대학진학이라는 큰 전환점을 목전에 둔 고등학교 3학년 때와 그 전환점을 통과한 대학교 1학년 또는 사회초년생 때에 범죄에 영향을 미치는 요인이 다소 상이하지 않을까 하는 의구심을 가졌지만 연구결과 청소년범죄에 가장 강력한 영향을 미친 범죄친구와의 차별적 접촉은 고등학교 3학년 때나 대학교 1학년 때 동일하게 작동하는 것을 발견했다. 또 다른 패널연구로 박정선과 황성현은 한국아동 · 청소년패널조사 중1과 중2자료를 사용하여 차별접촉이론을 **사회유대이론**과 **일반긴장이론**과 비교 · 분석하였다. 분석결과, **사회유대이론**과 **일반긴장이론**의 변인들은 청소년 **지위비행** 변량의 2.9%와 3.5%만을 설명했지만, 차별접촉 변인들은 **지위비행** 변량을 16.3%를 설명함으로써 가장 설명력이 뛰어난 것으로 드러났다(박정선 · 황성현, 2013). 특히 세 이론을 통합한 분석결과, 차별접촉 변인들이 다른 범죄이론의 변인들보다 청소년 **지위비행**을 가장 잘 설명하는 것으로 나타났다.

(5) 이론의 한계점

서덜랜드의 차별접촉이론은 일탈범죄학에 큰 영향을 끼쳤다. 차별접촉이론은 **긴장이론**, 하위문화이론, 기회이론 등이 해결하지 못했던 문제들을 다루었다. 예를 들면, 범죄를 저지를 기회가 균등한 각 개인이 모두 범죄활동에 참여하지 않는다는 사실을 어떻게 설명할 수 있을까(기회이론)? 빈곤과 같은 경제적 불평등에 처해 있는 개인들이 모두 다 사회 부적응자 또는 체재비판자가 되지 않는 이유는 무엇인가(하위문화이론)? 그리고 탐욕적인 일부 개인들, 즉 경제적으로 풍족한 중상류층 구성원들이 경제적 풍요에도 불구하고 사업 자금을 횡령하고 소비자들을 사취하며 가격담합과 내부자 주식거래 등과 같은 화이트칼라 범죄 행위에 가담하는 이유는 무엇인가(긴장이론)? 이런 질문에 대한 서덜랜드의 대답은 명백하다. 바로 '차별접촉'에 있다는 것이다. 부연설명하면, 빈곤에 허덕이는 사람들, 경제적 불평등으로 일상긴장이 고조된 사람들, 사회해체가 급속하게 진행되는 지역에서 생활하는 사람들, 탐욕적인 중상층의 사람들이 대부분 범죄에 가담하는 것은 아니다. 그들 중에서 범죄에 우호적인 정의를 가진 사람들과의 차별적 접촉을 통해 범죄를 학습한다는 것이다.

차별접촉이론은 이론의 논리적 타당성에도 불구하고 이론적 가정이 너무 추상적이어서 경험적으로 검증하기 어렵다는 비판을 받았다. 이런 비판을 의식한 서덜랜드의 제자 크레시는 서덜랜드의 의도를 파악하고 검증가능한 이론으로 전환하려고 노력했으나 성공을 이루지 못했다(Cressey, 1960). 비록 서덜랜드이론이 단점을 가지고 있었지만, 그 당시 범죄학자들이 이 이론을 지지했던 이유는 직관적으로 이론의 우수성을 감지했기 때문이라고 티오(Thio)는 주장한다(Thio, 1995). 범죄학자들의 주된 비판은 차별접촉이 학습과정에 영향을 미치는 '중재 메커니즘(intervening mechanism)'을 설명하지 못한다는 점이었다. 그것을 그림으로 나타내면 [그림 2-2]와 같다.

[그림 2-2] 차별접촉이론의 중재 메커니즘

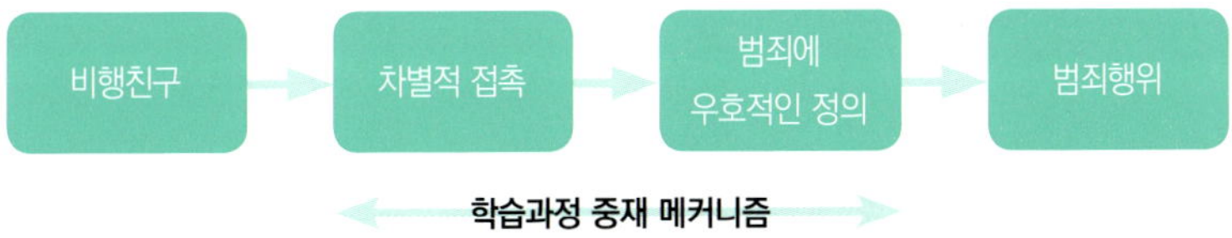

[그림 2-2]에서 서덜랜드는 범죄발생의 원인으로 비행친구와의 차별적 접촉을 통해 청소년 자신이 범죄에 대한 우호적인 정의를 학습하게 된다고 주장했다. 하지만 이런 학습과정에서 어떤 상황이 발생하는지를 구체적으로 설명하지 않았기 때문에 이론의 논리적 타당성에도 불구하고 범죄현장에서 경험적으로 검증하기 불가능했다. 즉, 차별접촉이론은 학습과정에 대한 **조작화**(operationalization) 과정을 통한 **조작적 정의**(operational definition)를 제시하지 못했기 때문에 이론의 타당성을 검증할 수 없다는 한계점을 가지고 있었다.

제3장

이론의 발전

01 대안적 이론들

범죄학자들은 차별접촉이론을 경험적으로 검증할 수 있는 다양한 방법을 개발했다. 소트(sort)는 그 이론의 문제 중 일부는 경험적으로 검증할 수 없다고 비판했다(Sort 1960). 그러나 마쓰에다는 "검증할 수 있는 것은 이론의 구체적인 **가설**이나 명제, 또는 실증적 함축이다" 라고 주장하면서 학자들이 이론 전체를 검증할 수 있는 경우는 거의 없다는 사실을 인식하지 못하기 때문에 차별접촉이론이 전체적으로 검증될 수 없다는 비판을 한다고 주장했다. (Matsueda, 1988). 후에 크레시는 그 비판을 분석했고 그 공격의 일부에 대해 이론을 재정리했다. 또 다른 비판으로 일부 학자들은 사람들이 범죄자와 접촉하지 않고도 범죄자가 될 수 있다고 주장했기 때문에 차별적 접촉은 적용되지 않는다고 비판했다. 크레시는 이런 비판을 수용하여 범죄자들에게 노출되지 않고 범죄자의 태도와 행동을 학습할 수 있다고 언급했다(Sutherland & Cressey, 1978). 하지만 그 당시 접촉차별이론에 대한 동료 학자들의 가장 큰 비판은 주로 학습과정의 메커니즘을 서덜랜드와 크레시가 명확하게 규명하지 못한 사실에 기인한 것이었다(그림 2-2 참조).

(1) 차별동일시이론

차별접촉에 대한 개인적 반응의 차별성이 어떻게 각 개인에게 다르게 적용되는지를 밝히는 일환으로 글레이저(Glaser)는 '차별동일시이론(differential identification theory)'을 주장했다(Glaser, 1956). 글레이저는 차별동일시이론이 범죄학자들이 추구하는 학습과정에 대한 중재 메커니즘을 제공한다고 주장했다. 글레이저는 서덜랜드의 이론이 지나치게 기계적인 학습과정에 치우쳤다고 비판했다. 즉, 범죄동료와의 접촉을 자주하는 사람은 자동으로 범죄적 관점(범죄에 우호적인 정의, 범죄태도, 합리화 등)을 내면화시킨다고 비판했다. 글레이저는 **상징적 상호작용론**적 믿음을 바탕으로 범죄동료와의 차별적 접촉이 항상 범죄행위를 유발하는 것은 아니라고 주장했다(Glaser, 1956). 오히려 사회구성원들은 범죄동료와의 차별적 접촉에 영향을 받는 것이 아니라 자신이 신뢰하거나 존중하는 **준거집단**(reference group)에 더 많은 영향을 받는다고 보았다.

글레이저 이론의 핵심은 범죄를 저지르는 사람은 자신의 범죄행동을 지지해줄 수 있는 실존 또는 허구의 인물(영화에 비진 범죄자들)과 자신을 **동일시**한다는 것이다. 예를 들면, 테러리스트를 직접 만나본 적은 없더라도 그들의 테러행위를 동경하여 자신이 추구하는 인간상으로 **동일시**한다면 테러공격을 따라 할 수 있다는 것이다. 자신이 롤모델로 삼고 있는 **준거집단**이나 특정한 인물을 **동일시**한다는 것은 자신의 행동방향을 그 집단이나 인물이 지향하고 있는 행동규범, 법 위반에 대한 정의, 범죄태도 등에 부합하도록 조정한다는 의미를 내포한다. 예를 들면, 청소년이 범죄를 미화한 영화 속 조직폭력배 집단 두목의 언행에 매료되어 그를 **준거집단**의 롤모델로 삼는다면, 그는 나중에 조직폭력배집단의 일원이 되어 폭력범죄를 저지를 가능성이 높아진다는 것이다. 글레이저는 개인의 경제적인 역할, 사회구조 안에서의 위치, 도덕적 가치에 대한 학습정도, 차별적 접촉집단에 따라 **동일시**는 다르게 나타날 수 있다고 보았다(Glaser, 1956). 그러므로 범죄행위에 우호적인 실존 또는 가상의 인물과의 **동일시**는 범죄를 유발하는 주된 요인이지만, 사회에서 존경받는 실존 또는 영화 속 인물과의 **동일시**는 범죄와 관계없는 생활을 하는 이유가 되는 것이다.

그러나 글레이저의 이론은 동료학자들에게 많은 지지를 받지 못했다. 아이러니하게도 **준거집단**의 인물이나 실존인물을 롤모델로 삼는 사람의 범죄행위는 직접적 접촉보다 더 많은 영향을 미친다는 주장 때문에 차별접촉이론의 전통에서 결정적으로 멀어지는 결과를 초

(Daniel Glaser)

래했다. 그는 개인의 직접적 접촉보다는 간접적 또는 주관적 접촉을 강조하고 개인의 적극적인 인식을 더 많이 강조하는 보다 반사적인 학습개념을 제안했기 때문에 범죄학자들은 그의 이론에 호응하지 않았다. 그럼에도 불구하고 글레이저의 이론이 후대 사회학습이론가들에게 전혀 영향을 미치지 않은 것은 아니었다. 에이커스의 사회학습이론에서 '모방(imitation)' 개념에 상당한 영향을 미친 것으로 판단된다. 모방은 다른 사람의 행동을 관찰한 후에 그것과 유사하게 행동하는 것을 의미하는데 모방의 대상은 주로 **준거집단**이나 **원초집단**의 구성원이 될 가능성이 높다. 즉, 사람들은 친한 친구, 부모를 포함한 가족구성원(원초집단), 또는 대중매체에서 평소 롤모델로 삼고 있는 사람들(준거집단)의 행동을 따라 모방하는 경향이 강한데 이 모방의 개념은 글레이저의 '**동일시**(identification)' 개념에서 착안한 것이라 추측된다.

(2) 차별적 강화이론

제프리(Jeffery)는 서덜랜드 이론의 개념적 개혁을 시도한 그다음 이론가였다. 제프리는 1966년 버제스와 에이커스가 '차별적 접촉-강화이론(differential association-reinforcement theory)을 개발하기 바로 직전인 1965년에 '차별적 강화이론(differential reinforcement theory)'을 발표했다(Jeffery, 1965). 차별적 강화이론은 '**조작적 조건화**(operant conditioning)'라는 행동주의적 개념에 기초한다. 원래 **조작적 조건화**는 인간의 행동을 수정하는 데 관심이 있는 행동주의 심리학자들이 사용한 용어이다. **조작적 조건화** 기법을 통해 행동을 수정하는 심리학자들은 **긍정적 강화**, **부정적 강화**, 긍정적 처벌, 부정적 처벌, 차별적 자극, 치료 일정 등의 6가지 기본 원칙에 의존한다.

(Ray C. Jeffery : 1921-2007)

'**긍정적 강화**(positive reinforcement)'는 어떤 행위의 결과 개인에게 이익이나 기쁨을 가져다준다면 다음에 그 행위를 할 가능성이 커진다는 것을 말한다. 예컨대, 청소년이 처음 술을 마신 후 기분이 좋아지거나 술을 함께 마신 친구들과의 우정이 더 돈독해졌다면 다음에 또 술을 마실 가능성은 커진다. 반대로 '**부정적 강화**(negative punishment)'는 어떤 행위의 결과 고통이나 비난이 따른다면 다음에 그 행위를 멈출 가능성을 말한다. 예컨대, 청소년이 처음 담배를 피웠을 때 매스꺼움을 느끼거나 친구들과 부모가 싫어한다면 다음에 담배를 피울 가능성은 작아진다. '긍정적 처벌(positive punishment)'은 어떤 행위의 결과 보상이나 유쾌한 결과가 사라지는 것을 의미한다. 예컨대, 게임중독에 걸린 자녀의 게임시간을 줄이기 위해 부모가 게임시간을 줄이지 않으면 매달 주던 용돈을 삭감하는 경우가 긍정적 처벌이다. '부정적 처벌(negative punishment)'은 어떤 행위의 결과 고통스럽거나 불쾌한 결과를 수반하는 것을 의미한다. 예컨대, 청소년이 학교에서 담배를 피우다 교사에게 발각되어 징계를 받았다면 부정적 처벌에 해당한다. '차별적 자극(discriminative stimuli)'은 자신의 의사결정 과정을 형성하는 데 도움이 되는 긍정적이거나 부정적인 기대를 말한다. 예컨대, 청소년이 편의점 절도를 계획할 때, 성공한다면 금전적 이득을 얻을 것이라고 기대하고 실패한다면 형사적 처벌을 받을 것이라고 주저하게 되는 상황을 의미한다. 마지막으로 '치료일정(treatment schedules)'은 주어진 강화와 처벌 세트(set)의 분배와 관련된 빈도, 확률, 시간의 길이를 의미한다.

제프리는 위의 **조작적 조건화** 개념을 만족/박탈(satiation/deprivation) 개념과 결합했다. 이 개념은 개인이 주어진 결과와 관련된 개인적인 '욕구(need)'의 양을 의미한다. 예를 들면, 청소년이 처음 담배를 피웠을 때, 속이 매스껍고 구토가 나올 것 같은 느낌을 받았다면(**부정적 강화**) 다음에 담배를 피우지 않겠지만, 친한 친구들이 다 흡연자이므로 자신의 첫 흡연을 칭찬하거나 진정한 친구로서 받아들이는 징표로 간주한다면 비록 구토감을 느꼈지만, 차후에 흡연을 계속할 가능성은 높아지는 것이다. 제프리는 개인이 미래 행동에 관한 결정을 내릴 때 과거의 경험에 의존할 것이라고 주장했다. 위의 예에서 첫 흡연 후 친구들의 고무적인 반응을 경험한 청소년은 차후에 다시 흡연을 할 가능성 커진다. 제프리의 이론적 성향은 범죄결정 과정에서 '차별적 가치(discriminative values)' 가 작동하는 중요성을 강조했다. 이 차별적 가치는 후에 에이커스의 차별적 강화 개념에 상당한 영향을 미쳤다. 차별적 강화를 측정하는 개념으로 보상과 처벌의 경중을 따지는 '보상-처벌'의 개념에 영향을 미쳤다. 에이커스는 청소년의 미래 비행에 미치는 요인으로 과거 비행행위에서 얻었던 보상과 처벌의 경중을 따져 보상이 처벌보다 크면 비행을 할 가능성이 커지며, 반대로 처벌이 보상보다 크면 비행행위를 멈출 것이라고 주장했다. 위의 예에서 첫 흡연 후 친구들의 호응과 격려(보상)가 구토감(처벌)보다 더 강하면 흡연행위를 계속할 것이고, 비록 친구들의 긍정적 반응(보상)을 경험했지만, 구토감(처벌) 때문에 담배를 다시는 피우지 않아야겠다고 다짐한다면 흡연을 중단할 것이다.

(3) 중화이론

엄격하게 말하면 중화이론(neutralization theory)은 **사회통제이론**(social control theory)의 전통을 따르는 이론으로 서덜랜드의 차별접촉이론과는 다른 이론적 관점을 가지고 있다. 대부분의 범죄학자는 범죄행위를 연구할 때 "왜 일부 사람은 범죄를 저지르는가"에서 출발하지만, 사회통제론자들은 "왜 대부분의 사람은 범죄를 저지르지 않는가" 라는 의문에서 시작한다. 사회통제론자들의 범죄행위에 대한 가정으로 대부분의 사람들은 범죄성을 다 가지고 있지만, 범죄를 저지르지 않는 이유는 사회제도, 관습, 규범, 법 등과 같은 사회통제가 그들의 범죄행위를 압박한다고 설명한다. 이런 사회통제이론의 전통에 따라 사이크스와 마차(Sykes & Matza)는 1957년에 중화이론을 발표했다.

사이크스와 마차는 우리 사회에 존재하는 관습적 규범들이 정형화된 것이 아니라 유동적이고 주관적이라고 주장했다(Sykes & Matza, 1957). 따라서 사회구성원들이 규범을 위반하는 행위는 여러 가지 정당화(justifications)에 의해서 사회적으로 받아들여질 수 있다고 주장했다. 예를 들면, 강간범이 강간을 저지른 이유로 '술에 취해서', '순간적으로 끓어오르는 욕구를 참지 못해서' 또는 '상대 여성이 노출이 심한 복장으로 나를 유혹했기 때문이라고 정당화한다.

(Gresham Sykes : 1922-2010)

(David Matza : 1930-2018)

사이크스와 마차는 범법자들이 규범을 위반하지 않는 사람들과 다른 가치관을 가지는 것은 아니라고 주장한다. 오히려 그들은 기존의 관습적인 가치를 받아들이나 사회적 가치, 규범 및 법률위반이 사회적으로 용인될 수 있는 정당화를 시도한다고 보았다. 따라서 범법자들은 법률체계나 사회의 규범을 위반한 것이 아니라 이를 타당한 것으로 여기는 정당화에 근거한 것이라고 주장하였다(Sykes & Matza, 1957). 심리적으로 이런 정당화는 내면화된 도덕적 규칙을 중화시키는 역할을 하며, 그렇게 함으로써 사람들이 죄책감과 수치심 없이 사회적 규범과 법률을 위반하도록 만드는 것이다(Liska & Messner, 1999).

사이크스와 마차는 다섯 가지 유형의 중화기술을 〈표 3-1〉과 같이 제시했다.

〈표 3-1〉 사이크스와 마차의 중화기술 유형

기술	중화	슬로건(구호)
책임의 부정 (denial of responsibility)	나의 통제를 넘어 어떤 힘이 나로 하여금 법을 위반하게 만들었다(예컨대, 내 친구가 나한테 압력을 행사했다; 내 부모가 나를 학대했다)	"고의로 한 것이 아니었다"
피해의 부정 (denial of injury)	나의 비행행위는 어느 누구도 해치지 않았다(예컨대, 그건 그냥 장난이었어; 나는 그냥 잠시 돈을 빌리려고 했던 것이고 나중에 돌려주려고 했어)	"나는 정말 어느 누구도 해치지 않았다"
피해자의 부정 (denial of victim)	피해는 당할 만했어; 그래서 주어진 상황에서 이건 잘못된 것이 아니야(예컨대, 교사가 부당한 시험을 내서 난 컨닝할 수밖에 없어; 그는 우리 구역에 들어올 권한이 없다는 것을 알고 있기 때문에 우리가 패줬어)	"그들은 이렇게 될 줄 알았어"
비난자에 대한 비난 (condemnation of condemners)	이 사회를 운영하는 지도층도 다들 부패했고 도둑놈들이기 때문에 법을 어기는 것은 괜찮아. 그들은 내가 하는 것에 대해서 비판하는 위선자들일 뿐이야(예컨대, 그렇게 존경받는 사람들이 저지르는 화이트칼라 범죄를 봐)	"왜 나만 갖고 그래"
높은 충성심에 호소 (appeal to higher loyalties)	나는 법을 어겨야만 했어. 아니면 나는 나의 의리와 도덕성을 잃게 돼(예컨대, 나는 내 친구를 보호하기 위해 싸움에 끼어들게 되었어; 훔치는 것은 잘못된 것이기 때문에 경찰한테 거짓말했어)	"나를 위해서 그런 것이 아니야"

(출처 : Lilly et al., 2011)

사이크스와 마차에 따르면, 일탈은 사회의 관습적 태도 및 가치와 갈등을 일으키는 가치가 반영된 것이 아니다. 그 대신에 일탈은 정당화 방법을 학습함으로써 발생하며, 학습된 정당화는 내적 통제로서 내면화된 관습적 태도와 가치들을 중화시킨다는 것이다(Sykes & Matza, 1957년).

중화이론이 사회학습이론에 영향을 준 부분은 에이커스이론의 네 가지 구성요소인 '정의' 개념 중 **중화적 정의**이다. 서덜랜드의 9가지 명제에서 "구체적인 동기나 욕구의 방향은 법을 우호적이거나 비우호적으로 정의하는 것으로부터 학습된다" 된다는 설명에서 서덜랜드는 법을 우호적으로 판단하는 정의는 법 순응행위로 나타나지만, 법을 비우호적으로 판단하는 정의는 법 위반 행위로 학습된다고 주장했다. 그러나 서덜랜드는 법에 대한 정당화와 합리화를 설명하는 **중화적 정의**에 대해서는 언급하지 않았다. 서덜랜드의 이론을 계승한 에이커스는 사회학습이론에서 '법 순응/위반정의(law abiding/violation definition)'에 더해 '**중화적 정의**(neutralizing definition)'와 '긍정적/부정적 정의(positive/negative definition)'를 첨가하여 정의개념을 완성했다. 여기서 **중화적 정의**는 사이크스와 마차의 중화이론에서, 긍정적/부정적 정의는 조작적 조건화이론에 그 뿌리를 두고 있다고 판단할 수 있다.

02 차별접촉-강화이론

차별접촉의 학습과정을 설명하는 중재 메커니즘을 설명한 제프리의 시도에 만족하지 못한 버제스와 에이커는 1966년에 서덜랜드의 차별접촉이론과 '**조작적 조건화**(operant conditionings)'개념을 연결함으로써 학습과정의 성격을 더욱 구체적으로 밝힌 차별접촉-강화이론(differential association-reinforcement theory)을 발표했다(Burgess & Akers, 1966). 차별접촉-강화이론은 행동주의 심리학자 스키너(Skinner)와 반두라(Bandura)의 심리학적 학습이론을 기초로 하여 서덜랜드의 차별접촉이론에 적용한 이론이다.

서덜랜드 이론의 가장 큰 단점으로 지적된 개념의 추상성(접촉, 학습, 법 위반에 대한 호의적인 정의 등)과 개념을 경험적으로 측정하기 힘들다는 점을 보완하기 위해 버제스와 에이커스는 행동주의 심리학적 용어인 **조작적 조건화**를 사용하여 학습과정의 중재 메커니즘을 설명했다. 행동주의 심리학에서 **조작적 조건화**는 사람들이 긍정적인 결과를 가져오는 행동은 차후에 계속 수행하고 부정적 결과를 낳는 행동은 회피하도록 학습하게 되는 것을 말한다. 예컨대 영아가 처음으로 '엄마'라고 말할 때 엄마가 미소를 짓고 안아준다면(보상) 유아는 그 소리를 반복하게 된다, 반대로 엄마가 반응을 보이지 않는다면 유아의 언어발달 속도는 지체될 것이다.

(Robert L. Burgess : 1931-현재)

(Ronald L. Akers : 1939-현재)

조작적 조건화에서, 행동은 보상(rewards)과 처벌(punishment)에 대한 반응을 나타낸다. 어떤 행동에 따른 보상이 증가하고 처벌이 감소하면, 그 행동을 하는 빈도는 증가할 것이다. 반대로 행동에 따른 보상이 감소하고 처벌이 증가하면, 그 행동을 하는 빈도는 감소할 것이다. 예를 들면, 마약중독자가 마약을 복용함으로써 정신적 만족감과 환각현상을 만끽할수록(보상증가), 계속 약물을 복용할 것이고, 마약복용에 대한 가족과 친구들의 비난이 증가하고 결국 사법당국에 적발되어 처벌을 받으면(처벌 증가) 마약사용을 중단할 것이다.

버제스와 에이커스는 일탈행동에 작동하는 학습기제(보상과 처벌)는 다른 행동에 적용되는 학습기제와 다르지 않다고 주장한다(Burgess & Akers, 1966). **조작적 조건화**는 보상과 처벌에 대한 반응으로 이해할 수 있으며 일탈행동에서 보상이 증가하고 처벌이 감소하면 일탈행동을 하는 빈도 또한 증가하게 될 것이다. 결국 그들은 서덜랜드 이론의 학습과정에 대한 개념의 추상성을 설명하기 위해 행동주의 심리학의 **조작적 조건화** 개념을 사용하여 일탈행위의 학습과정은 보상과 처벌의 균형으로 설명했다. 그들은 '**조작적 조건화**(operant conditioning)에서 도출된 학습원리가 서덜랜드이론을 일탈의 일반이론으로 재탄생시키는 데 도움이 될 수 있다고 주장했다. 좀 더 엄격하게 말하면, 그들은 보상과 처벌이라는 용어보다는 '강화(reinforcement)'와 '처벌(punishment)'이라는 용어를 사용하여 **조작적 조건화**를 설명하였다.

서덜랜드처럼 버제스와 에이커스는 범죄행위가 학습된다고 주장한다. 그러나 그들은 범죄행위가 학습되는 방법은 다른 사람들의 직접적인 **조작적 조건화**를 통해서라고 주장하였다(Burgess & Akers, 1966). 에이커스의 주장에 따르면, 행동이 취하는 형태와 그 행동의 재발빈도는 도구적 조건화(instrumental conditioning)에 의존한다는 것이다(Akers et al., 2016). 도구적 조건화 또는 **조작적 조건화**와 관련된 중요한 두 가지 과정은 강화와 처벌이다. 한 개인의 행동결과, 다른 사람들의 반응이 호의적 또는 긍정적일 때, 한 개인이 같은 일을 다시 하게끔 강화되는 경향이 있다. 다시 말해, 강화는 행동의 빈도를 증가시킨다. 때로는 행동을 보상하는 **긍정적 강화**가 발생할 수 있지만, 그 일에 관여하는 것이 불쾌하거나 고통스러운 자극을 수반하는 **부정적 강화**로 나타날 수도 있다. 처벌도 긍정적이거나 부정적일 수 있지만, 강화와는 달리 행동을 약화하거나 소멸시키는 것이 처벌의 목표다. 예컨대 뺨을 때리는 등 불쾌하거나 고통스러운 반응이 어떤 사람의 행동 뒤에 따를 때, 그 처벌은 부정적 처벌로 간주한다. 어떤 행동에 대한 대응으로 특권이나 보상을 빼앗긴다면 이것은 긍정적 처벌에 해당한다. 따라서 강화는 행동이 반복될 확률을 증가시키는 반면, 처벌은 행동이 반복될 확률을 감소시키는 역할을 한다.

조작적 조건화 개념에서 또 다른 중요한 사항은 '차별적 자극(discriminative stimuli)이다. 차별적 자극은 개인에게 강화나 처벌이 곧 일어날 것임을 알리는 자극적인 사건이다. 차별적 자극에는 여러 종류가 있다. 버제스와 에이커스가 지적했듯이, 가장 중요한 것 중 하나는 언어적 자극, 즉 사람들이 일탈적인 행동과 관련하여 사용하는 단어와 구절이다(Burgess & Akers, 1966). 그들은 서덜랜드의 '법 위반에 순응하는 정의' 라는 개념이 언어 유형의 차별적 자극 개념으로 이해될 수 있다고 주장한다. 예를 들어, 개인은 종종 일탈행위를 정당화하거나 죄책감을 없애려는 경향이 있는 특정한 진술을 한다. 화이트칼라 범죄자들은 자신의 범죄를 정당화하기 위해 "누구나 다 적은 액수의 횡령과 사기는 저지른다"라고 말함으로써 자신의 행위에 대한 죄책감에서 벗어나려 한다. 이러한 발언이나 동기 또한 학습된다. 일단 학습되면, 그들은 범죄에 대한 정당성을 차별적 자극으로 표현하여 미래의 일탈행위를 계속 진행하는 발판을 마련하게 된다. 버제스와 에이커스는 서덜랜드의 법 위반에 순응하는 정의 개념을 차별적 자극으로 조작화함으로써 경험적으로 검증가능하게 만들었다. 즉, 법 위반에 순응적인 정의라는 추상적 용어를 차별적 자극을 내포하는 경험적으로 검증가능한 용어로 재탄생시킴으로써 서덜랜드 이론을 현재의 학습원리와 더욱 일치하게 했던 것이다.

버제스와 에이커스의 이론이 서덜랜드의 이론을 보완했다는 평가를 받는 점은 비행의 학습과정은 가족, 친구, 친지 등의 가장 친밀한 집단과의 접촉에서 발생한다는 서덜랜드의 주장을 받아들임과 동시에 학습의 과정은 원초적 집단과의 접촉에서 뿐만 아니라 대중매체와 같은 이차집단과의 간접적 접촉을 통해서도 발생한다고 보았다(이차집단과의 간접적 접촉은 나중에 에이커스의 사회학습이론에서 '모방(imitation)' 개념으로 구체화되었다). 특히 에이커스는 정의와 모방 개념은 처음 범죄를 시작할 때 가장 중요한 역할을 한다고 주장하였다(Akers et al., 2016). 또한 버제스와 에이커스는 범죄행위의 학습과정에서 **원초집단**과의 차별적 접촉도 중요하지만, 인간의 행동은 다양한 원천으로부터 다양한 보상(금전, 사회적 지위, 명예, 정신적 만족감 등)이 따를 때 학습된다고 주장했다 (Burgess & Akers, 1966).

[그림 3-1] 차별접촉-강화이론의 학습 메커니즘

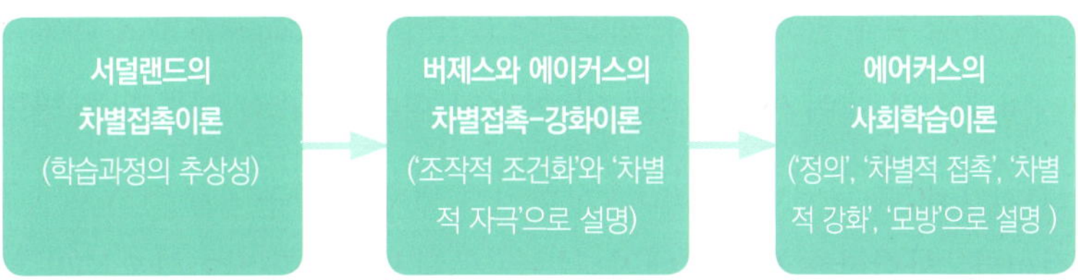

결론적으로 서덜랜드이론의 추상성과 모호성을 극복하기 위해 여러 가지 대안적인 이론들이 개발되었다. 글레이저는 차별동일시이론을 주장했으며, 제프리는 차별강화이론을 제안했다. 그러나 이 두 이론은 범죄학자들에게 큰 관심을 받지 못했다. 글레이서는 실존 인물 또는 허구적인 인물과의 **동일시**로 인해 범죄행위가 발생한다고 주장함으로써 서덜랜드의 직접적인 인물과의 차별접촉의 가정에 위배

되는 결과를 초래해 차별접촉이론과 멀어지는 계기가 되었다. 제프리는 **조작적 조건화** 개념을 만족/박탈개념과 결합해 학습과정의 중재 메커니즘을 설명했지만, 경험적으로 검증할 수 있는 조작적 개념으로 구체화하지 못했다. 이런 대안적 이론들을 참고하여 버제스와 에이커스는 차별접촉–강화이론을 1966년 발표했다. 이 이론이 동료 범죄학자들의 관심을 받게 된 주된 이유는 **조작적 조건화**와 차별적 자극 개념을 사용하여 경험적으로 검증할 수 있는 조작화 과정을 밟았기 때문이다. 그들은 행동주의 심리학에서 **조작적 조건화**를 보상과 처벌로 설명한 내용을 강화와 처벌이란 용어를 사용하여 차별적 자극이란 용어와 연결했다. 즉, 범죄행위는 **원초집단** 구성원들과 **상징적 상호작용**을 통하여 범죄에 우호적인 정의를 학습하게 되는데 이때 정의개념을 차별적 자극으로 조작화하는 과정을 구체적으로 설명했다. 범죄행위를 정당화하거나 합리화하는 차별적 자극을 반복함으로써 차후의 범죄행위가 반복된다고 주장했다(Burgess & Akers, 1966).

버제스와 에이커스의 이론이 이전의 다른 대안적 이론과 차별화되는 가장 큰 장점은 차별접촉이론의 추상성과 모호성을 극복했다는 점이다. 사회학습과정의 메커니즘을 구체적으로 조작화함으로써 동료학자들이 범죄현장에서 경험적으로 검증할 수 있는 토대를 마련했다. 또한 그들은 이전 대안적 이론들을 무시한 것이 아니라, 제프리의 이론에서 **조작적 조건화**와 차별적 자극 개념을 수용하여 경험적으로 검증가능하게 했다. 글레이저의 이론에서 사용한 롤모델에 대한 **동일시** 개념을 에이커스는 차후 사회학습이론에서 '모방'개념으로 재탄생시켰다. 서덜랜드가 정의 개념에서 언급하지 않았던 법 위반에 대한 '**중화적 정의**(neutralizing definitions)' 개념을 차후 사회학습이론에서 보충 설명했는데 이 개념은 사이크스와 마차의 중화이론에 이론적 뿌리를 두고 있다. 즉, 버제스와 에이커스의 이론은 다른 학문적 토대 위에서 새롭게 탄생한 이론이 아니라, 학습과정의 메커니즘을 구체적으로 설명하기 위해 이전에 개발된 여러 가지 범죄이론을 보완하여 차별접촉-강화이론으로 재탄생시켰다는 점에서 학문적 가치가 있는 이론으로 평가받는다.

제4장

이론의 완성

01 사회학습이론

(1) 개인적 배경

에이커스는 1939년 인디애나(Indiana)주 뉴 올버니(New Albany)에서 태어났다. 1960년 인디애나 주립대학교에서 학사, 1961년 켄트주립대학교에서 사회학 석사, 1966년 켄터키대학교에서 박사학위를 취득했다. 에이커스는 1965~1972년까지 워싱턴 대학에서 사회학을, 1972~1974년까지 플로리다 주립대학에서 범죄학을, 1974~1980년까지 아이오와 대학에서 사회학을 가르쳤다. 1978년부터 1980년까지 아이오와 대학교(University of Iowa)에서 사회학과 교수로 역임했으며 1980년 플로리다 대학교로 이직하여 지금까지 교수로 재직하고 있다.

에이커스의 어린 시절은 유복하지 못했다. 어린 시절 그가 살았던 동네는 도시의 쓰레기 덤프와 다른 환경적 위험 요소로 인해 가장 가난한 지역 중 하나였다. 이 경험은 그의 학문적 관심의 전체적인 궤적 측면에서 더 넓은 영향을 미쳤다. "나의 사회계급 배경과 또한 나의 기독교 배경은 사회학 및 그 후의 범죄학에 대한 나의 관심에 미묘한 영향을 미쳤으며, 다른 사람들에 대한 동정과 공감, 고통의 원인과 완화, 사회 문제 및 사회 정의의 개선에 중점을 두게 만들었다"고 그는 고백했다 (Akers, 2011).

(Richard Quinney : 1934-현재)

에이커스는 켄터키대학의 대학원에서 유명한 갈등이론가였던 리처드 퀴니(Richard Quinney)의 지도하에 법사회학 분야의 학위논문을 썼다(Lilly et al., 2011) 퀴니 박사는 그의 재능을 연마하고 이론의 역할에 대한 더 깊은 이해를 키우는 데 결정적인 역할을 했다. 초창기 에이커스의 관심분야는 서덜랜드의 차별접촉이론 등과 같이 범죄발생의 원인을 미시적으로 분석하는 분야가 아니었다. 오히려 켄터키 대학에서 퀴니 박사의 지도하에 사회경제적 지위와 범죄발생의 관계에 관심이 더 많았다. 1960년대 미국 사회는 베트남 전쟁에 반대하는 히피문화가 지배했던 시기라 에이커스는 더더욱 범죄와 사회계급 간의 관계에 대한 **갈등론**적 입장에 더 많은 관심이 있었다.

그러나 에이커스가 그의 학술 논문 출판을 위해 1965년 워싱턴대학에서 버제스를 만난 것이 그의 인생에서 학문적 분야의 획기적 전환점이 되었다고 볼 수 있다. 버제스는 사회학을 전공했지만 그의 주된 연구분야는 사회심리학이었다. 그래서 버제스는 심리학에서 사용하는 '**조작적 조건화**', '행동주의 심리학', '스키너의 조건반응', '고전적 조건화' 등과 같은 용어에서 에이커스보다는 더 풍부한 이론적 지식을 가지고 있었다. 워싱턴대학에서 에이커스와 버제스는 서로 바로 옆 사무실을 사용하면서 서덜랜드의 아이디어와 범죄학 주제들을 공유하기 시작했고, 그 결과 1966년 서덜랜드 이론의 한계점을 개선한 차별접촉-강화이론을 발표하게 된 것이다.

(2) 학문적 배경

에이커스는 대학원 지도교수였던 퀴니의 영향을 많이 받았다. 그의 재능을 연마하고 이론의 역할에 대한 더 깊은 이해를 함양하는데 결정적인 역할을 한 사람은 퀴니 박사였다. 에이커스가 대학원 박사과정 종합시험을 치른 후 유일하게 낙제점을 준 사람이 바로 지도교수였던 퀴니였다. 퀴니가 에이커스의 종합시험 답안지에 반영된 범죄학 및 형사 정의에 대한 깊이 있는 이해 부족을 이유로 낙제점을 주었지만 오히려 에이커스는 이 과정을 통해 범죄학이론에 대한 더 깊이 있는 지식을 습득하는 발판을 마련했다. 퀴니가 일찍부터 에이커스의 학문적 업적을 발전시키는 데 도움을 준 한 가지 일은 연구업적과 아이디어를 학술지에 출판하도록 격려하는 것이었다(Academia, 2020).

그의 사부인 퀴니 교수의 훈련으로 그는 그 당시 지배적인 주제 중 하나인 가족관계와 비행행동에 대한 명제를 현장에서 경험적으로 검증하는 작업을 시도했다. 에이커스는 가족의 사회경제적 지위(socio-economic status)와 비행률에 대한 공식보고서를 바탕으로 현장에서 응답자들에게 직접 자기기입식 설문조사를 통해 얻은 자료를 분석하기를 원했다. 물론 그 당시 범죄현장에서 수집된 자료를 분석한 학자는 에이커스가 유일한 사람은 아니었다. 사회통제론자인 나이(Nye)와 소트(Sort) 또한 에이커스와 함께 경험적 연구를 시도했지만, 나이와 소트는 시골의 인구에 의존했다. 그러나 에이커스는 도시표본을 사용하여 사회경제적 지위와 비행률과의 관계를 조사하기 원했으며, 실제 오하이오주에 거주하는 하층, 중산층, 상류층 992명의 중학생들의 표본을 연구하였다. 분석결과, 사회경제적 지위와 범죄율과는 유의미한 관계가 없다는 사실을 발견했다. 이 결과는 나이(Nye)의 농촌인구에 대한 연구결과와 일치했다.

(Ivan F. Nye : 1918-2014)

퀴니 교수의 독려로 에이커스는 그의 연구결과를 학회지에 제출했고 이 논문은 새로운 방법론을 활용한 에이커스의 최초의 저술이 되었다. 학술지에 발표한 그의 논문은 그 당시 범죄학계에서 주류였던 거시이론가들과 갈등이론자들이 정설로 받아들였던 사회경제적 지위와 비행률의 역학관계를 뒤집는 내용이었다(Akers, 1964). 즉 사회경제적 지위와 비행률에는 직접적인 상관관계가 없다는 새로운 이론적 논쟁에 대한 기여로 이 논문은 그의 경력 초기에 가장 많이 인용된 작품 중 하나가 되었다(Academia, 2020).

학계에서 명성을 얻은 에이커스는 두 번째 출판을 위해 1965년에 워싱턴대학을 방문했다. 그때 에이커스와 비슷한 목적으로 워싱턴대학에 이미 도착한 버제스는 우연히 에이커스와 나란히 사무실을 사용하게 되었다. 에이커스와 버제스는 자연스럽게 서로의 관심사항을 공유하기 시작했다. 버제스는 사회심리학을 전공하고 있었으므로 형법과 범죄학에 대한 지식이 풍부하지 못했고, 에이커스는 범죄학을 전공하고 있었지만, 사회심리학에 대한 이론적 기반이 약했다. 그들은 서로의 관심분야를 공유하면서 교재를 나눠 읽고 수많은 토론을 이어나갔다. 두 사람은 서덜랜드의 이론에서 가장 큰 문제점 중 하나는 학습과정의 메커니즘이 대부분 기술되지 않았다는 동료학자들의 주장에 공감했다. 그들은 개개인이 가치를 배우는 과정에 대한 생각을 공유하면서 서덜랜드 이론을 폐기하기보다는 확장하는 데 의견일치를 보았다. 그 결과 1966년 차별접촉-강화이론을 학술지에 발표했다. 이 이론은 '**조작적 조건화**'에서 도출된 원리를 통합하여 서덜랜드의 학습과정 메커니즘의 단점을 보완했다. 또한 서덜랜드의 9가지 명제는 이 이론의 개혁 작업의 일환으로 7가지로 축소되었다 (Akers, 1973).

차별접촉-강화이론이 그 당시 학계에서 상당한 관심을 받은 이유는 서덜랜드이론에 내재된 학습과정의 메커니즘을 경험적으로 검증 가능하게 했다는 점이다. 차별접촉-강화이론은 담배, 알코올 및 대마초 사용과 같은 청소년비행의 원인을 설명하는 데 먼저 적용되었다(Akers, 1973; 1998). 그 이후 이 이론은 학계 토론과 범죄현장에서의 경험적 검증에 상당한 영향을 미쳤는데 서덜랜드의 추상적 명제에 대한 합리적이고 자세한 설명을 제공했기 때문이었다.

그러나 모든 범죄학 이론이 완벽할 수 없듯이, 그들의 이론 또한 그 당시 범죄학의 주류였던 **갈등론**자들에 의해 비판을 받았다. 에이커스의 스승이었던 **갈등론**자인 퀴니나 윌리엄 챔블리스(William Chambliss)는 거의 모든 전통적인 범죄학이 구축한 근본적인 명제인 범죄의 객관적 정의가 성립될 수 있다는 생각을 거부했다. 즉, **갈등론**자들은 우리 사회에서 "어떤 행위가 범죄로 규정되며, 그것을 규정하는 주체가 누구인가"에 대한 대답으로 사회의 지배계급이 그들의 지위나 권력을 유지하기 위해 주관적으로 범죄를 규정한다고 보았다. 이런 점에서 **갈등론**자들은 차별접촉-강화이론에서 언급하는 범죄의 정의를 인정하지 않았다.

(William Joseph Chambliss : 1933-2014)

그러나 **갈등론**자들의 비판은 학계의 관심을 끌지 못했다. 오히려 차별접촉이론을 오랫동안 비판해 온 사회통제론자들, 특히 허쉬가 에이커스이론에 회의적인 반응을 보였다. 허쉬와 에이커스는 오랜 친구 사이로, 워싱턴 대학에서 함께 교수생활을 한 적이 있었다. 범죄의 원인에 대한 철학적 시각이 상반되는 허쉬와 에이커스는 비록 개인적 친분은 두터웠지만, 학계에서 격렬한 논쟁을 벌였다.

차별접촉-강화이론을 발표한 이후 에이커스는 단독으로 이 이론을 다른 주요한 이론적 접근방식과 결합함으로써, 그리고 차별접촉-강화이론에 추가적인 설명 요소를 도입하여 마침내 '사회학습이론'으로 명명되는 이론을 개발했다. **합리적 선택이론**(rational choice theory)에 따르면, 범죄행위는 범죄자의 의사결정 과정에 의해 발생한다고 주장한다. 즉, 처벌과 보상에서 보상이 처벌보다 크면 범죄를 저지를 것이라는 주장에 착안하여 에이커스는 범죄자가 범죄를 결정하는 과정에서 처벌과 보상의 적용과 기대의 영향을 받기 때문에 사회학습이론에 적용될 수 있다고 주장하였다. 이것은 범죄학의 가장 오래된 전통 중 하나인 처벌과 보상의 개념을 사회학습적 관점에 적용한 창의적인 시도로 평가받았다. 마지막으로 그는 사회학습이론에 더 많은 구조적 변수를 도입했다(Akers, 1998). 즉, '사회학습과 사회구조(social learning and social structure)' 이론은 범죄에 영향을 미치는 네 가지 요소를 (차별적 사회조직, 사회구조에서 차별적 사회위치, 집단에서 차별적 사회위치, 그리고 **사회해체론**과 **아노미이론**과 같은 구조이론에서 주장하는 범죄의 구조적 요인) 매개한다(연결한다)고 주장했다.

에이커스가 미국 범죄학계에 끼친 학문적 영향은 그가 받은 수많은 상으로 증명된다. 그는 1978~1979년 동안 미국범죄학회 회장을 역임했으며, 그에 맞는 찬사로 1988년 범죄학 이론 진전에 기여한 공로로 이 단체가 수여 하는 에드윈 H. 서덜랜드 상을 받았다. 그는 범죄학회뿐만 아니라 범죄학의 모태인 미국사회학회에서도 학술적 업적을 인정받아 1991~1992년에 미국남부 사회학회의 회장을 역임했다. 그의 취임 연설은 사회학과 범죄학/범죄 정의의 차이가 벌어지는 점을 지적했다 (Akers 1992). 범죄학을 정의하는 주제는 범죄학의 모태인 사회학과는 구분되는 독립적인 정체성을 가져야 한다고 에이커스는 주장한다. 에이커스의 논문과 저서는 범죄학 분야에서 영향력 있는 업적을 남겼으며, 수많은 학자와의 공동연구 또는 멘토링을 통해 후학들에게 상당한 영향력을 미쳤다. 에이커스가 멘토링을 함으로써 범죄학 연구에서 명성을 얻은 학자들로는 존 코크란(John Cochran), 로렌스 코헨(Lawrence Cohen), 랜드 콩거(Rand Conger), 딘 데브니(Dean Dabney), 스콧 데커(Scott Decker), 월터 고브(Walter Gove), 게리 젠슨(Gary Jensen), 마빈 크론(Marvin Krohn), 론 란자-카듀체(Lonn Lanza-Kaduce), 리처드 호킨스(Richard Hawkins), 크리스틴 셀러즈(Christine Sellers) 그리고 프랭크 윌리엄스 3세(Frank Williams III) 등이 있으며 현재 그들은 미국 범죄학계에서 활발한 연구 활동을 하고 있다(Academia, 2020).

(3) 중심내용

서덜랜드이론의 추상성과 변수의 측정불가능성의 단점을 보완하기 위해 버제스와 에이커스(Burgess and Akers, 1966)는 서덜랜드의 이론을 개정 및 보완하여 차별접촉-강화이론을 1966년에 발표했다. 차별접촉-강화이론은 크게 두 가지 측면에서 서덜랜드의 이론을 보완했다. 첫째는 서덜랜드가 언급하지 않았던 학습과정의 메커니즘을 '**조작적 조건화**'라는 개념으로 학습과정을 구체적으로 설명했다. 둘째, **조작적 조건화** 과정에서 나타나는 '차별적 강화' 개념을 사용하여 서덜랜드 이론을 경험적으로 측정가능하게 했다. 차별접촉-강화이론 발표 이후, 에이커스는 이 이론을 좀 더 정교화하는 작업을 시도했다. 이 과정에서 에이커스는 '정의'개념에서 서덜랜드가 언급하지 않았던 '긍정적/부정적 정의'와 '**중화적 정의**'개념을 조작화했고, '모방' 개념을 도입하여 **원초집단** 구성원과의 차별적 접촉뿐만 아니라 **준거집단** 구성원과의 차별적 접촉도 학습과정의 메커니즘으로 설명했다. 에이커스의 이런 조작화 작업이 없었다면 서덜랜드의 이론은 글레이저나 제프리의 이론처럼 범죄학계에서 사라졌을 것이다. 에이커스가 범죄학계에 지대한 영향을 미치고 있는 것은 서덜랜드 이론의 추상성을 범죄현장에서 경험적으로 검증가능하게 만든 **조작적 정의**를 개발했다는 점이다. 에이커스는 차별접촉-강화이론을 더욱 발전시킨 이 이론을 '사회학습이론(social learning theory)'이라고 명명하였다(1985). 에이커스의 사회학습이론은 차별적 접촉, 정의, 차별적 강화, 모방의 네 가지 개념으로 구성되어있다(Akers, 1985). 네 가지 개념과 **조작적 정의**는 [그림 4-1]과 〈표 4-1〉에 잘 나타나 있다.

[그림 4-1] 에이커스의 사회학습이론의 네 가지 구성요소

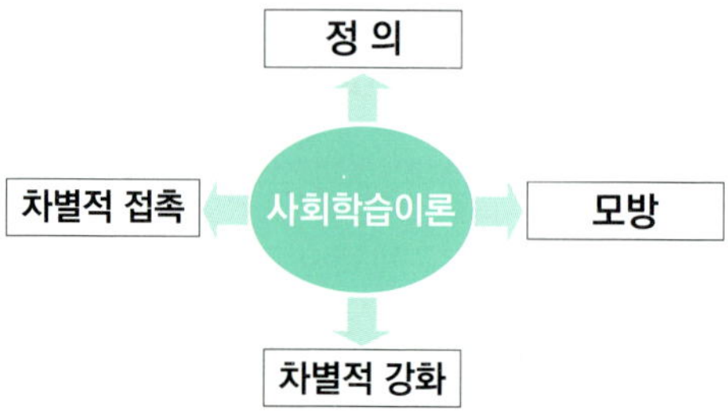

(Ronald. L. Akers : 1939-현재)

〈표 4-1〉 사회학습이론의 중심개념 및 조작적 정의

네 가지 개념	구성요소	조작적 정의
차별적 접촉	친구와의 차별적 접촉	① 당신의 가장 친한 친구들 중에서 다음과 같은 범죄를 저지른 경험이 있는 친구는 얼마나 됩니까?
		② 당신의 가장 친한 친구들은 다음과 같은 범죄를 얼마나 자주 저지릅니까?
	부모의 규범적 태도	당신의 부모는 다음과 같은 범죄를 하는 것에 대해 어떤 태도를 가지고 있습니까?
	친구의 규범적 태도	당신의 가장 친한 친구들은 다음과 같은 범죄를 저지르는 것에 대해 어떤 태도를 가지고 있습니까?'
정의	중화적 정의	① 특정 범죄행위를 스스로 통제할 수 있는 사람이라면 그런 범죄를 저질러도 괜찮다. ② 특정 범죄행위에 대한 주위의 유혹이 너무 강하기 때문에 그런 범죄를 저지르는 청소년 또는 성인을 비난해서는 안 된다. ③ 일반적으로 특정 범죄행위는 나쁜 것이지만 특별한 상황에 있는 사람은 그런 범죄를 저질러도 괜찮다.
	법 순응/위반 정의	우리 모두는 법을 지켜야 할 도덕적 의무가 있다
	긍정적/부정적 정의	일반사람이 다음과 같은 범죄를 저지르는 것에 대해 당신은 어떻게 생각하십니까?

네 가지 개념	구성요소	조작적 정의
차별적 강화	부모의 반응	당신은 다음과 같은 범죄를 저지르는 것을 부모님이 알았을 때 부모님의 반응은 어떠했습니까?
	친구들의 반응	당신은 다음과 같은 범죄를 저지르는 것을 친구들이 알았을 때 친구들의 반응은 어떠했습니까?
	공식적 저지	당신 또는 당신 친구들이 다음과 같은 범죄를 저질렀을 때 경찰이나 사법기관에 발각될 가능성이 얼마나 있다고 봅니까?
차별적 강화	보상-처벌	특정범죄를 저질렀을 때 발생하는 좋은 점(보상)에서 나쁜 점(처벌)을 마이너스(-) 한 점수 차이 값
	강화균형	당신이 다음과 같은 범죄를 한 후에 당신에게 어떤 일이 일어났습니까?
모방	미디어 속에 나타난 사람들	당신은 아래에 나열된 사람들 중에서 다음과 같은 특정 범죄를 저지르는 것을 직접 보거나 관찰한 적이 있습니까?
	친구들	당신은 아래에 나열된 사람들 중에서 다음과 같은 특정 범죄를 저지르는 것을 직접 보거나 관찰한 적이 있습니까?
	부모	당신은 아래에 나열된 사람들 중에서 다음과 같은 특정 범죄를 저지르는 것을 직접 보거나 관찰한 적이 있습니까?

(출처: Akers et al., 1979; 황성현 외, 2020)

1) 차별적 접촉

에이커스의 '차별적 접촉(differential association)'에 대한 개념은 서덜랜드의 원래 개념과 매우 유사하다. 에이커스는 차별적 접촉을 다음과 같이 규정했다. "불법과 법을 준수하는 행동에 순응하거나 순응하지 않는 규범적 정의에 노출되는 과정. 차별적 접촉은 행위의 상호작용과 규범적 차원을 모두 가진다"(Akers, 2009). 이 규정에서 차별적 접촉은 개인이나 집단(친구와 가족 등과 같은 **원초집단**과 동료, 직장 등과 같은 **이차집단**)의 구성원들과 상호작용하는 것을 말한다. 어떤 사람이 정의에 노출되고 정의를 배우고 행동모델에 노출되며 어떤 행동을 취하거나 자제함으로써 사회적 강화나 처벌을 받는 것은 다른 사람들과의 차별적 접촉에 의해 이루어진다. 따라서 어떤 사람의 행동은 그와 함께 있는 친밀한 집단의 구성원이나 **준거집단** 사람들의 행동과 일치하는 경향이 있다. 에이커스는 차별적 접촉을 다음과 같이 구체적으로 설명했다.

> "차별적 접촉은 행위의 상호작용적 차원과 규범적 차원을 둘 다 가지고 있다. 상호작용적 차원은 특정유형의 행위에 참여하는 다른 사람들과의 직접적인 연관성과 상호작용뿐만 아니라 이차집단에 속한 사람들과의 간접적인 상호작용 차원을 말한다. 규범적 차원은 특정행위에 참여하는 사람들이 가지는 가치와 태도에 개인이 노출되는 정도를 말한다. 예를 들면, 비행에 우호적인 집단에 자주 노출되는 청소년은 비행에 우호적인 정의를 자연스럽게 가지게 된다. 따라서 원초집단이나 이차집단 구성원들과 접촉에서 우선성(priority), 지속성(duration), 빈도(frequency), 강도(intensity)가 높을수록 그 영향력은 증가한다"(Akers, 2009).

사회학습은 차별접촉의 과정에서 발생한다. 차별접촉이 형성되지 않으면 학습과정을 설명할 수 없을 정도로 차별접촉은 사회학습이론에서 가장 중요한 비행의 학습과정이 시작되는 출발점이다. 차별접촉은 상호작용적 차원 및 규범적 차원 모두를 포함한다. 그것은 개인에게 직접 또는 간접적인 영향을 미치는 **원초집단**과 **준거집단**에 의해 영향을 받는다는 것을 의미한다. 예를 들면, 어떤 청소년이 비행을 자주 저지르는 친구들과의 첫 번째 차별접촉이 발생해야 그는 비행친구들을 통해 비행에 대한 정의, 기술, 차별적 강화 등을 학습한다. 차별접촉은 **원초집단**의 구성원들과의 상호작용을 통해 주로 발생하지만, **준거집단**의 모방을 통해서도 발생한다. 어떤 청소년이 폭력을 미화하는 드라마나 영화의 주인공을 모방하여 그의 말, 행동, 태도 등을 학습한다면 직접적인 차별접촉은 일어나지 않았지만, 간접적인 모방을 통해 비행에 우호적인 태도, 가치, 정의 등을 학습하게 되는 것이다.

요약하면, 차별접촉에서 개인은 범죄자들과 사회적 상호작용을 통하여 일탈정의(deviance definition)를 배우고, 일탈정의를 가진 개인은 법을 위반할 가능성이 높아진다. 차별접촉에서 롤모델을 통한 차별접촉도 발생할 수 있다는 사실을 언급함으로써 에이커스는 서덜랜드의 **원초집단**과의 직접적 차별접촉에 관한 주장을 보완한 측면이 있다. 에이커스는 사회구성원들과 직접적 차별접촉뿐만 아니라 간접적 차별접촉도 발생한다는 사실을 모방 개념을 통해 설명했다. 그런데도 차별접촉에 대한 기본 가정은 서덜랜드의 명제를 그대로 사용한다. 즉, 차별접촉은 **원초집단** 구성원들과의 우선성(priority), 지속성(duration), 빈도(frequency), 강도(intensity)에 영향을 받는다고 주장한다(Akers et al., 2016). 비행이나 범죄를 자주 저지르는 친한 친구들과 자주 만날수록(빈도), 그들과 오랜 시간을 함께할수록(지속기간), 그들을 만난 시기가 오래될수록(우선성), 그들과 만남을 좋아하거나 기대할수록(강도), 청소년 자신이 일탈행위를 저지를 가능성이 높아진다는 것이다.

에이커스는 이 차별접촉 개념을 보이스타운연구(Boys Town Study)에서 세 가지 문항으로 측정했다(Akers et al., 1979). 즉, '친구와의 차별적 접촉(differential peer association)', '부모의 규범적 태도(parents' norm qualities)', '친구들의 규범적 태도(peer norm qualities)'로 측정했다. 보이스타운연구는 에이커스와 그의 동료들이 1970년대에 미국 중서부지역인 네브래스카, 아이오와, 위스콘신주 남녀 7학년~12학년까지의 중 · 고등학생들 중 3,065명의 표본을 사용하여 청소년 약물남용의 원인을 조사한 연구이다. 이 연구를 바탕으로 황성현은 1999년 한국 부산지역 남녀 인문계, 실업계 고등학생 중 1,035명을 확률표본 추출하여 부산지역 고등학생의 청소년 약물사용의 원인을 조사한 바 있다(Hwang & Akers, 2003; 2006).

친구와의 차별적 접촉 변인은 두 가지로 측정되었다. 첫째, "당신의 가장 친한 친구 중에 다음 약물들을 사용한 경험이 있는 친구들은 얼마나 됩니까?" 둘째, "당신의 가장 친한 친구들은 다음 약물들을 얼마나 자주 사용합니까"?로 측정되었다. 부모의 규범적 태도는 "당신의 부모는 다음 약물들을 사용하는 것에 대해 어떤 태도를 가지고 있습니까"?이고, 친구들의 규범적 태도는 "당신의 가장 친한 친구들은 다음 약물들을 사용하는 것에 대해 어떤 태도를 가지고 있습니까?"로 측정되었다. 이처럼 차별적 접촉개념에서는 사람들이 범죄를 저지르는 친구들과 자주 어울리면 어울릴수록(친구와의 차별적 접촉), 특정 범죄행위에 대해 부모님이 호되게 처벌하지 않을수록(부모의 규범적 태도), 특정 범죄행위에 대해 친한 친구들이 호의적일수록(친구의 규범적 태도), 자신이 그 범죄행위를 할 가능성이 높아진다는 것이다.

2) 정의

사회학습이론에 사용되는 정의(definition)는 행위자에게 적절하거나 부적절한 것, 사회적 상황에서 해야 할 것과 해서는 안 되는 것을 규정하는 태도, 신념 또는 언어화(verbalizations)에 대한 자신의 평가이다. 사람들은 어떤 행동을 하는 데 도움이 되는 유리한 정의나 어떤 행동을 자제하는 데 도움이 되는 불리한 정의를 가진다. 따라서 개인이 어떤 행위를 거부하는 정의나 태도를 가질수록, 그러한 행위를 할 가능성은 작아지는 반면, 긍정적이거나 중화적인 정의나 태도를 가질수록 그런 행위를 할 가능성은 커진다. 에이커스의 사회학습이론은 서덜랜드의 규범적 정의에 대한 개념을 확장했다. 사이크스와 마차의 작업을 바탕으로 에이커스의 정의 개념은 긍정적이고 부정적인 정의의 이분법적인 표현을 넘어섰다. 특히, 에이커스는 다양한 형태의 정당화과정, 설명 또는 조정과정을 통해 주어진 행동에 대한 부정적인 정의가 일시적으로 중단되거나 재정의될 수 있다고 주장하였다(Akers et al., 2016).

구체적으로 에이커스는 법 위반에 대한 호의적인 정의와 비호의적인 정의로 규정한 서덜랜드의 정의개념을 보강하여 정의 개념을 더 세분화했다. 먼저 '일반정의(general definition)'와 '특수정의(specific definition)'로 구분했다. 일반정의는 순응적 행위를 받아들이고 범죄나 일탈행동을 거부하는 종교적, 도덕적, 인습적 가치와 규범을 의미한다(Akers, et al., 2016). 특수정의는 개인의 구체적 행위에 대한 자신의 평가를 말한다. 둘째, 특수정의에서 에이커스는 다시 '부정적 정의(negative definition)', '긍정적 정의(positive definition)', **'중화적 정의**(neutralizing definition)'로 나누었다. 부정적 정의와 긍정적 정의는 서덜랜드의 법 위반에 대한 호의적인 정의와 비호의적인 정의와 유사한 개념이다. 여기서 에이커스는 사이크스와 마차의 중화이론의 개념을 받아들여 **중화적 정의**를 사회학습이론에 포함했다. 정의 개념에 대해 에이커스는 다음과 같이 주장했다.

> "사회학습이론에서 정의는 일반적일수도 있고 특별할 수도 있다. 일반적인 정의는 종교적, 도덕적, 그리고 다른 관습적인 가치관과 규범들을 포함하는데 그것은 사회의 순응적인 행위에 유익하지만 일탈적이거나 범죄적인 행동을 하는 것에 불리하다. 특수 정의는 특정행위 또는 일련의 행위에 대해 행위자들이 어떤 방향을 정하는지에 도움을 준다...(중략). 범죄 또는 일탈행위에 대한 우호적인 정의를 받아들이는 것은 적극적이거나 중화적일 때 가능하다. 중화적 정의는 범죄를 정당화하거나 변명을 통하여 범죄에 대해 우호적인 태도를 가지는 것을 말한다. 따라서 중화적 정의에서 행위자들은 어떤 행동을 바람직하지 않은 것으로 판단하지만 그럼에도 불구하고 상황을 고려할 때 괜찮다거나 정당하다고 생각하거나 용서받을 수 있다거나 심지어 나쁜 것으로 생각하지 않는 태도를 취한다"(Akers, 2009).

원초집단과의 차별적 접촉을 통해 사람들은 정의에 대한 여러 가지 신념, 태도, 가치 등을 학습하게 된다. 즉, 사람들은 그들에게 중요한 역할을 하는 사회구성원들로부터 특정 행동을 좋고 나쁜 것으로 규정하는 규범, 태도, 방향성을 배운다. 이렇게 학습한 정의는 행동을 강화하는 데 도움이 되며 차후 행동의 단서 역할을 한다. 사람들이 행동에 대해 더 긍정적인 정의를 가질수록, 그들은 차후에 그런 행동을 더 많이 할 가능성이 커진다. 정의는 또래 집단과 가족으로부터 직접 학습하기도 하지만 학교, 지역사회, 대중매체 등을 통해 직, 간접적으로 배우기도 한다. 정의는 그 자체가 직접적으로 강화될 수 있고 다른 행동에 대한 차별적 자극으로 작용할 수 있는 언어적, 인지적 행동으로 나타난다. 또한 에이커스는 정의 이외에도 사람들은 모방을 통해서 범죄에 대한 긍정적 정의를 학습함으로써 범죄를 시작할 수 있다고 주장한다(Akers, et al., 2016). 에이커스는 정의와 모방은 처음 범죄를 시작할 때 가장 중요한 요소로 파악했다. 즉 친한 친구와의 차별적 접촉을 통해 범죄에 우호적인 정의를 배우거나 대중매체의 롤모델을 통해 범죄에 호의적인 행동이나 태도 등을 모방함으로써 청소년 자신의 범죄행위는 시작되는 것이다.

그러면 여기서 어떤 청소년이 비록 비행친구와의 차별적 접촉을 통해 범죄에 긍정적 정의를 학습하거나 모방을 통한 롤모델의 범죄행위를 학습한다고 하더라도 일탈행위를 하지 않을 가능성도 있지 않느냐는 반문을 제기할 수 있다. 에이커스는 이런 반문에 대한 대답으로 **조작적 조건화** 개념을 사용하여 청소년 자신의 차별적 강화를 설명한다. 청소년 자신이 어떤 일탈행위를 함으로써 비행친구들과의 관계가 좋아졌거나 칭찬을 받게 되는 **긍정적 강화**가 발생하면 그런 일탈행위는 차후 반복될 것이고, 친구들의 관계가 부정적이거나 멀어지게 된다면 일탈행위는 멈추게 되는 **조작적 조건화** 과정이 발생한다는 것이다.

보이스타운 연구에서 에이커스는 정의 개념을 세 가지 지표(**중화적 정의**, 법순응/위반정의, 긍정적/부정적 정의)로 측정했다(Akers et al., 1979). '**중화적 정의**(neutralizing definitions)'는 범죄를 정당화하거나 변명을 통해 범죄에 대해 우호적인 태도를 가지는 개념으로 이 개념은 세 가지 문항으로 측정되었다. 첫째, "약물사용을 스스로 통제할 수 있는 사람이라면 사용해도 괜찮다." 둘째, "약물사용에 대한 주위의 유혹이 너무 강하기 때문에 약물을 사용하는 청소년들을 비난해서는 안 된다." 셋째, "일반적으로 약물사용은 나쁜 것이지만 특별한 상황에 있는 사람은 사용해도 된다."라는 문항을 사용하여 **중화적 정의**를 경험적으로 검증했다.

'법순응/위반 정의(law abiding/violation definition)'는 "우리는 모두 법을 지켜야 할 도덕적 의무가 있다"로 측정했으며 '긍정적/부정적 정의(positive/negative definition)'는 "일반사람이 다음과 같은 약물을 사용하는 것에 대해 당신은 어떻게 생각하십니까?"로 측정된다. 이처럼 정의 개념에서 사람들이 특정 범죄행위에 대해 우호적인 태도를 가지면 가질수록(**중화적 정의**), 법과 도덕을 지킬 필요가 없다고 생각할수록(법순응/위반 정의), 일반사람이 특정 범죄를 저지르는 것에 대해 나쁘다고 생각하지 않을수록(긍정적 정의), 자신이 그 범죄행위를 할 가능성이 높아진다는 것이다(황성현 외, 2020).

3) 차별적 강화

'차별적 강화(differential reinforcement)'에 대한 에이커스의 개념은 제프리 이론의 기초가 되는 **조작적 조건화**의 여섯 가지 기본 가정(**긍정적 강화, 부정적 강화**, 긍정적 처벌, 부정적 처벌, 차별적 자극, 치료일정)을 기반으로 한다. 에이커스는 보상과 처벌, 그리고 미래 행동에 대한 차별적 자극이 범죄발생의 원인으로 규정했다. **조작적 조건화**의 기본 가정은 처벌과 보상이지만, 에이커스는 처벌대신 '강화'라는 개념을 사용했다.

차별적 강화는 행동의 강화(보상 또는 바람직한 결과)와 처벌(부정적 또는 바람직하지 않은 결과)의 균형을 말한다. 일차적 학습메커니즘은 행동의 결과(사회적 및 비사회적 처벌 및 보상)에 의해 행동이 형성되는 도구적 또는 **조작적 조건화**에 달려 있다. 보상/**긍정적 강화, 부정적 강화**/보상 손실, 부정적 처벌 행위의 일탈/비일탈(적합성)여부는 과거, 현재 및 예상되는 미래 보상과 행위에 대한 처벌로 정의되는 차별적 강화에 따라 결정된다. 따라서 어떤 행위가 보상을 받거나 강화되거나 처벌과 보상의 균형에서 보상이 더 크면 그 행위는 차후에 반복될 가능성이 커진다. 예를 들면, 어떤 사람이 필로폰을 복용했을 때 기분이 좋아지거나(보상) 같이 투약한 친구들로부터 지지를 받거나(강화), 정신이 혼미해지거나 속이 매스껍고 구토감을 느끼는 상황보다 행복감이나 충족감을 더 많이 느낀다면(처벌과 보상의 균형) 차후에 필로폰 복용을 계속하게 될 것이다. 차별적 강화에서 가장 중요한 것은 **원초집단** 구성원의 긍정적 또는 부정적 반응을 통한 사회적 강화와 처벌이다. 이것을 에이커스는 '차별적 자극(discriminative stimuli)' 개념으로 설명했다.

차별적 강화의 일부는 차별적 자극의 결과로 나타난다. 어떤 불법행위의 결과, 친한 친구들이 그 행위를 찬양하거나, 부추기거나, 용기를 북돋아 주는 등과 같은 차별적 자극으로 차후 불법적 행위가 차별적으로 강화될 수 있지만, **원초집단** 구성원들의 반응에 상관없이 불법행위자 자신이 경제적 이득을 보거나, 정신적 만족감을 느끼거나, 욕구해소, 긴장감제거 등과 같은 보상으로 차후 불법적 행동이 계속될 수 있는 것이다. 따라서 일탈행위에 대한 동료집단의 반응이 부정적이면 차후에 그런 일탈행위를 하지 않을 것이고, 긍정적이거나 호의적이면 차후에 그런 일탈행위는 지속할 것이다. 그러므로 **조작적 조건화**에서 가장 중요한 역할을 하는 것은 가장 친하게 지내는 동료집단이나 가족 구성원의 차별적 자극에 달려 있다.

요약하면 차별적 강화는 어떤 행위의 결과로 나타나는 예상되거나 실제적인 보상과 처벌 간의 균형이라고 할 수 있다. 어떤 사람이 범죄를 저지르고 차후에 반복할 가능성은 친구들로부터의 인정, 승인, 경제적 이득, 즐거운 감정 등의 보상이, 체포, 범죄자로 낙인, 발각될 가능성 등과 같은 처벌보다 더 클 경우에 일어난다. 즉, 개인의 행동에 대한 강화가 클수록, 강화가 빈번하게 일어날수록, 강화의 가능성이 클수록 그런 행동은 반복적이고 자주 일어날 가능성이 높다.

차별적 강화는 다섯 가지 지표로 구성되는데 그것은 부모의 반응(parents' reaction), 친구들의 반응(peer reaction), 공식적 저지(formal deterrence), 보상-처벌(rewards-costs), 강화 균형(reinforcement balance) 이다. 보이스타운 연구에서 부모의 반응은 "당신은 다음 약물들을 사용하는 것을 부모가 알았을 때 부모의 반응은 어떠했습니까?"로 측정되었다. 친구들의 반응은 "당신은 다음 약물들을 사용하는 것을 친구들이 알았을 때 친구들의 반응은 어떠했습니까?"로 질문되었다. 공식적 저지는 "당신 또는 당신친구들이 다음 약물들을 사용하고 있거나 가지고 있으면 경찰에 발각될 가능성이 얼마나 있다고 봅니까?"로 측정되었다. 보상-처벌은 "약물사용 후 좋은 점(보상)에서 마이너스(-) 약물사용 후 나쁜 점(처벌)의 점수 차이"로 측정된다. 마지막으로 강화균형은 "당신이 다음 약물들을 사용하고 난 후 당신에게 어떤 일이 일어났습니까"라는 질문에서 ① 대체로 좋음(예를 들면, 기분이 좋아짐, 친구들과 더 친해짐), ② 좋은 것만큼 나쁜 것도 있다, ③ 대체로 안 좋음(예를 들면, 몸이 안 좋아짐, 친구들과 멀어짐) 로 측정된다. 차별적 강화개념에서 사람들은 특정 범죄행위에 대해 부모의 반응이 비판적이지 않을수록(부모의 반응), 친구들의 반응이 호의적일수록(친구들의 반응), 경찰이나 사법기관에 발각될 가능성이 작다고 판단할수록(공식적 저지), 처벌보다 보상이 크다고 판단할수록(보상-처벌), 친구들과의 우정이 더 강화되거나 경제적 또는 정신적 이득을 얻을수록(강화균형), 청소년 자신은 그 범죄행위를 할 가능성이 커진다.

4) 모방

모방(imitation)은 사회학습이론의 마지막 구성요소이다. 이 개념은 글레이저가 제안한 차별적 **동일시**의 개념에 그 뿌리를 두고 있다. 글레이저의 주장에 따르면, 범죄자들은 자신의 범죄행동을 지지해줄 수 있는 인물과 자신을 **동일시**한다는 것이다. 그러나 글레이저는 차별동일시 이론에서 **원초집단** 구성원들과의 직접적 접촉보다는 **준거집단** 구성원들과의 간접적 접촉이 더 중요한 역할을 한다는 방법론적 오류를 범했다. 여기서 에이커스는 글레이저의 **동일시** 개념을 모방 개념으로 치환하여 사회학습이론을 설명하는 도구로 사용했다. 모방은 **중요한 타자**의 행동에 대한 자신의 행동을 모델링하는 과정을 말한다(Akers, 2009). 에이커스는 글레이저의 주장과는 달리 모방은 **중요한 타자**와의 차별적 접촉을 통한 직접적 모방이 발생할 수도 있고, **준거집단** 구성원들과 간접적 접촉을 통한 모방이 발생할 수도 있다고 주장함으로써 글레이저 이론의 단점을 보완했다. 예를 들면, 약물을 남용하는 청소년은 친한 친구와의 차별적 접촉을 통해 약물남용을 흉내 내거나 모방할 수도 있고, 영화 속 주인공의 약물남용 모습에 매료되어 자신과 영화 속 주인공의 행동을 **동일시**함으로써 약물남용을 모방할 수도 있다는 것이다. 사회학습이론의 학습과정에서 모방은 일탈행위의 시작에 중요한 역할을 한다. 즉, **원초집단** 또는 **준거집단** 구성원들의 행위를 모방함으로써 일탈행위의 지속이나 중단보다는 처음 일탈을 시도하거나 수행에서 중요한 역할을 한다(Akers et al., 2016).

모방은 가족이나 친구 같은 **원초집단**이 주로 모방의 대상이 되지만 TV, 신문, 유튜브, SNS 같은 매체가 중요한 대상이 되기도 한다. 모방은 3가지 지표로 구성된다. 보이스타운 연구에서 모방은 세 가지 문항으로 구성되었다. 그것은 “당신은 아래에 나열된 사람 중에서 다음과 같은 약물을 사용하는 것을 직접 보거나 관찰한 적이 있습니까?”라는 질문에서 ① 미디어 속에 나타난 사람들, ② 친구들, ③

부모 순으로 응답자들에게 주어진다. 사람들이 특정 범죄를 저지른 것을 미디어 속에 나타난 인물들, 친구들, 부모님이 저지르는 것을 직접 본 경험이 있거나 관찰한 경험이 있을수록, 자신은 그 범죄행위를 할 가능성이 커진다.

사회학습이론의 네 가지 구성요소를 **가설**로 요약하면, "사람들이 비행 및 범죄친구와의 차별적 접촉을 많이 할수록(차별적 접촉), 범죄에 대한 본인의 부정적 생각이 적을수록(정의), 범죄로 얻을 수 있는 경제적, 정신적 보상이 경찰에 적발되어 처벌받을 확률보다 많다고 생각하거나 실제로 많을수록(차별적 강화), 주위의 친한 사람이나 대중매체에서 범죄를 저지르는 것을 직접 보거나 관찰한 적이 많을수록(모방), 자신이 특정 범죄를 저지를 가능성은 커진다."고 할 수 있다(황성현 외, 2020).

결론적으로 사회학습이론에 따르면 범죄를 저지르는 사람들은 일탈적인 행동과 그에 따르는 정의를 모두 배우게 된다. 처음 범죄나 일탈을 시작할 때는 범죄에 우호적인 정의와 모방이 범죄학습에 중요한 역할을 한다. 학습은 **조작적 조건화**를 통해 직접적일 수 있고, 모방과 모델링을 통해 간접적일 수도 있다. 학습된 일탈은 차별적 강화에 의해 강화되거나 처벌에 의해 약화 될 수 있다. 일탈행위에 대한 순응적인 정의가 강화되고, 그에 반하는 대안적인 행동이 강화되지 않으면 개인이 일탈행위를 할 가능성은 커진다. 사회학습이론의 네 가지 구성요소인 차별적 접촉, 정의, 차별적 강화, 모방 개념은 행동이 학습되는 과정의 경험적 연구를 통해 범죄학 이론 발전에 상당한 영향력을 미쳤다.

(4) 사회구조와 사회학습이론

(전 장에서 언급했듯이) 에이커스는 켄터키대학의 대학원에서 유명한 **갈등주의자**였던 퀴니의 지도를 받았다. 퀴니는 1960년대 범죄의 원인으로 개인이 아닌 사회구조와 제도를 지목한 대표적인 **갈등이론가**였다. 비록 에이커스는 범죄의 원인을 미시사회적으로 바라보며 한 평생 연구에 몰두했지만, 퀴니의 거시적 접근에 대한 학문적 짐을 가지고 있었던 것으로 짐작된다. 퀴니를 포함한 갈등이론가들은 범죄의 원인을 미시적, 사회 심리적으로 접근하는 일련의 미시이론들을 비판했다. 그들은 마르크스주의에 입각하여 가장 힘 있는 집단은 법을 장악하여 그들이 추구하는 가치가 법으로 채택되도록 하지만, 힘없는 집단의 구성원은 입법과 사법의 피해자로서 생존을 위해 법을 위반할 수밖에 없다고 주장했다(이창한 외, 2012). 따라서 **갈등주의** 이론가들은 범죄의 원인이 개인에 있는 것이 아니라 사회구조, 제도, 법에 있으므로 개인의 잘못으로 돌리는 미시이론가들의 이론은 접근방법부터 잘못되었다고 비판했다. 에이커스는 이런 두 가지 측면, 즉 갈등이론가들의 비판과 그 비판의 선두에 있었던 퀴니에 대한 개인적 짐을 그의 연구 활동에 늘 가지고 있었을 것으로 짐작한다. 이에 따라 에이커스는 범죄의 미시적 접근도 중요하지만, 사회구조가 개인의 범죄행위에 영향을 미칠 수 있다는 점을 사회학습이론에 접목하려 노력했다. 그 결과 에이커스는 이전에 개발된 사회학습이론에서 이미 설명한 네 가지 학습 원칙 외에 구조적 변수의 역할을 고려한 이론적 패러다임인 '사회구조와 사회학습이론(social structure and social learning theory: SSSL)'을 1998년에 제시하였다(Akers, 1998; 2009).

[그림 4-2] 사회구조, 과정과 범죄에 관한 모델

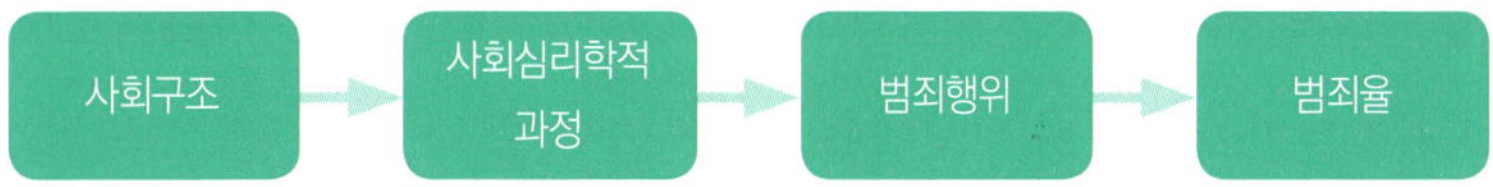

(출처 : social learning and social structure, Akers, 2009)

그림 [4-2]에서 사회구조는 개인의 사회 심리적 과정에 영향을 미치고 그 결과 범죄행위를 할지 아니면 멈출지를 결정하고 그것은 거

[그림 4-3] SSSL 모델: 범죄에서 사회구조와 사회학습

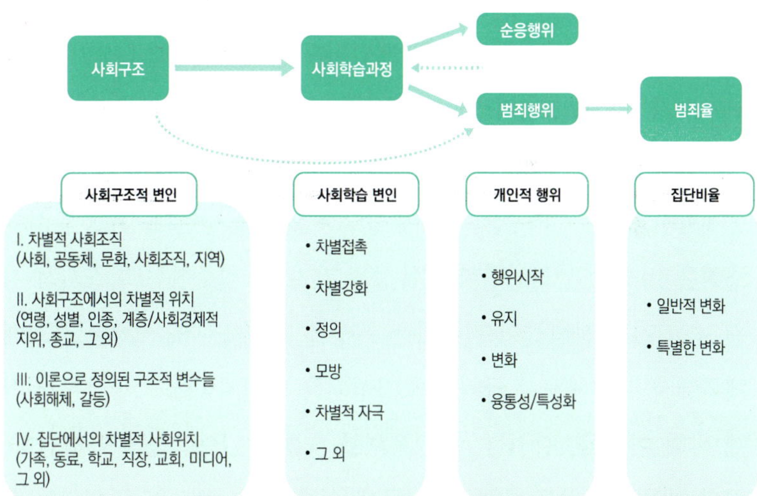

(출처 : social learning and social structure, Akers, 2009)

시적으로 범죄율로 나타난다. 이 도표에서 에이커스는 사회학습이론의 네 가지 요인으로 대표되는 사회 심리적 과정이 개인의 범죄행위에 영향을 미치는 사회구조적 요인을 중재(매개)하여 개인의 행동에 영향을 미친다고 주장하였다 (Akers, 2009). 이 큰 틀을 바탕으로 에이커스는 [그림 4-3]의 모델을 제시하면서 좀 더 구체적으로 범죄의 학습과정과 메커니즘을 설명했다.

SSSL이론의 기초는 I. 사회 조직, II. 사회 구조에서의 차별적 위치, III. 이론으로 정의된 구조적 변수들의 영향, IV. 사회 집단에서의 차별적 위치는 범죄율의 변화를 설명한 것이며 이러한 차이는 사회학습이론의 주요 구성요소를 통해 매개된다.

첫 번째 사회구조인 '차별적 사회조직'은 집단적 수준의 문화적, 사회적, 지리적 차이의 특성을 나타내는 것으로서 서덜랜드가 주장한 '차별적 사회조직'과 유사한 개념이다. 차별적 사회조직의 예로, 인구크기, 인구밀도, 차별적 사회조직 내의 인종과 성별의 구성비 등이다(Akers, 1998). 이 첫 번째 사회조직은 개인의 사회 인구학적, 사회 통계학적, 경제적 배경의 특성에 상당한 영향을 받는다. 차별적 사회조직은 비슷한 사회인구학적 특성을 가지며, 비슷한 사회경제적 지위 등을 가진 사람들이 거주하는 특성을 가진다. 예를 들면, **사회해체론**에서 사회해체가 급격하게 진행되는 빈민지역에서는 다른 지역에 비해 이혼율, 실업률, 가정폭력률, 낙태율 등이 높게 나타난다. 이런 열악한 환경은 사회학습이론에서 주장하는 범죄에 호의적인 정의, 비행친구와의 차별적 접촉, 범죄를 저지른 후에 차별적 강화현상, 지역사회 구성원들의 범죄 모방 등이 쉽게 발생할 수 있는 토양을 제공한다.

두 번째 사회조직인 '사회구조에서의 차별적 위치'는 사회 전체 또는 광역수준의 사회조직 내에서 차지하는 개인들의 사회 인구학적 특성을 말하는 것으로 성별, 연령, 인종, 결혼여부, 직업, 종교, 사회경제적 지위(socio-economic status: SES) 등이다. 첫 번째 사회조직은 사람들이 거시 사회구조에 어떻게 적응하는지에 초점을 맞추고 있지만 두 번째 차원의 사회구조에서의 차별적 위치는 개인이 자신과 연관된 사회적 위치가 어디 쯤 속해 있는지를 인지할 수 있는 사회조직을 의미한다.

성별은 범죄연구에서 오랫동안 통제변인으로 사용된 거시구조 변인이다. 범죄행위에서 성별차이는 상당한 수준으로 나타나는데, 보통 남성;여성의 범죄비율은 9:1 또는 8:2 정도로 남성이 압도적으로 많다(황성현 외, 2020). 범죄자의 성별비율은 특히 여성이 비행행동에 관여하는 경향이 강한지 아니면 전통적으로 9:1 또는 8:2의 일반적 경향을 따르는지를 이해하기 위해 성별을 중심으로 한 많은 연구가 진행되어왔다(Bartusch & Matsueda, 1996; Canter, 1982; Hagan et al., 1985; Piquero et al., 2005). 예를 들어, 캔트(Canter)는 여성이 남성보다 집에서 더 많은 시간을 보내고 가족 관계에 더 관심이 많기 때문에 비행참여에 소극적이며 특히 부모의 감독과 통제가 남성에 비해 강하기 때문에 비행률이 낮다고 주장한다(Canter, 1982). 헤이건(Hagan)의 성별연구 또한 이와 유사하다. **권력통제이론**(power control theory)을 주장한 헤이건의 주장에 따르면, 가부장적 가정에서 자란 여성은 부모로부터 지나친 통제를 받는 대신 남성은 상당한 자유를 누리므로 남성은 여성보다 비행을 저지를 가능성이 더 높게 나타난다(Hagan et al., 1985). 에이커스는 선행연구 결과들에 대체로 동의한다. 에이커스는 여성에 대한 사회적 통제가 남성에 비해 강할 뿐만 아니라 여성은 사회에 순응하는 행동방식을 취하기 때문에 남성보다 비행과 범죄율이 낮다고 주장한다(Akers, 2009). 또한, 남성은 법 위반에 불리한 정의보다 법 위반에 유리한 정의에 더 많이 노출되는 것이 여성보다 범죄에 더 많이 관여할 가능성을 높일 수 있다고 주장한다(Akers, 2009).

(John Hagan : 1946-현재)

연령은 사회학습이론 및 범죄학에서 개발된 다른 이론적 접근과 관련된 연구에서 잘 알려진 통제변수이다(Akers & Lee, 1999). 특히, 연령이 범죄에 미치는 영향은 '**발전이론**(development theory)'을 주창하는 학자들에 의해 잘 설명되는 변수이다. 갓프레드슨(Gottfredson)과 허쉬(Hirschi)는 '**범죄일반이론**(general theory of crime)'에서 어린 시절 가정에서 형성된 낮은 자아통제감은 한 사람의 범죄성향에 평생 영향을 미치는데, 특히 10대 후반의 범죄성향이 가장 강하게 나타나며 20대에 접어들면서 점차 줄어든다고 주장한다(Gottfredson & Hirschi, 1990).

(Michael R. Gottfredson : 1951-현재) (Travis Hirschi : 1935-2017)

또 다른 **발전이론**가인 샘슨(Sampson)과 라웁(Laub)은 범죄자가 결혼이나 직업을 갖게 되는 생애전환점에서 범죄를 멈출 수 있다고 주장한다(Sampson & Laub, 1993). 즉, 청소년기에 상습비행자라 하더라도 성인기에 **'사회적 자본**(social capital)'을 형성하여 안정적인 직업이나 결혼을 하게 되면 범죄를 중단할 수 있기 때문에 한 인간의 생애전환점까지 범죄율은 증가하다가 그 이후에는 범죄를 멈추거나 급격하게 줄어든다고 주장한다.

(Robert J. Sampson : 1963-현재) (John H. Laub : 1953-현재)

숀베리(Thornberry)는 상호작용이론에서 청소년 초기보다 청소년 중기와 후기에 청소년의 범죄율이 증가한다고 주장하였다(Thornberry,

1987). 그의 주장에 따르면, 부모에 대한 애착은 부모가 청소년의 행동을 통제하는 데 핵심적인 역할을 하는 청소년기의 아이들에게 더 큰 영향을 미친다. 그러나 청소년이 성장함에 따라 그들의 활동은 점차 가정에서 학교 및 동료집단으로 이동하게 된다. 청소년의 행동에 대한 부모의 영향력(비행에 대한 가족과 부모의 통제효과)은 약해지고 비행친구들과의 차별적 접촉을 통해 일탈행동을 배울 수 있는 상황에 더 많이 놓이게 된다는 것이다. 이처럼 일반적으로 연령은 범죄율에 영향을 미친다. 학자마다 구체적인 시기는 다르지만, 전반적으로 청소년 중기나 후기에 청소년의 범죄율은 최고조에 달하다가 **사회적 자본**이 형성되는 성인기에 범죄는 중단되거나 급격하게 줄어들게 된다.

(Terence P. Thornberry : ? – 현재)

사회계층(social class)은 범죄와 비행을 설명하는 데 중요한 요소로 간주하는 또 다른 특성이다. SSSL이론에서 사회계층은 사회학습 과정에 영향을 미칠 정도로 비행에 상당한 영향을 미친다(Akers, 2009). 사회계층은 하위계층과 같이 계층 관련 대인관계 스트레스를 통해 사회학습과정에 영향을 줄 수 있다. 하위계층의 재정적 어려움과 자녀를 범죄로 이끄는 부정적인 가족관계로 인해 하위계층 청소년들은 스트레스를 다른 계층에 비해 더 심하게 받는다. 반면에 중상층의 청소년은 자신의 삶에 긍정적 영향을 미치는 **사회적 자본**을 다른 계층에 비해 쉽게 형성할 수 있으며 부모는 자식들에게 사회에서 성공할 수 있도록 장려하는 역할모델이 되기 때문에 비행률이 낮게 나타난다(Krivo & Peterson, 1996; Lee et al., 2004).

세 번째 사회구조인 '이론적으로 정의된 구조적 변수들'은 **갈등주의** 범죄학자들이 주로 연구대상으로 삼는 사회해체, 갈등 등의 개념들이다. 이 구조적 변수들은 사회 거시구조의 가장 큰 차원의 과정을 강조하기 때문에 처음 두 가지 차원의 사회구조와는 다르다(Akers, 2009). 여기에는 더 큰 규모의 사회, 기관, 그리고 문화 내에서 발생하는 구조적 차이점이 포함된다. 예를 들면 사회해체가 진행되는 빈민가에서 생활하는 사람들은 비슷한 사회경제적 지위를 가지며, 범죄에 대한 호의적인 정의나 범죄친구와의 차별적 접촉이 어떤 다른 지역보다 쉽게 발생하기 때문에 범죄행위를 할 가능성이 높다. 그러나 이런 빈민가에서 생활하는 사람들 대부분이 범죄를 저지르는 것은 아니다. 그들은 빈민가라는 거시 사회조직에 어떻게 적응해야 하는지에 따라 범죄에 순응할 수도 있고, 범죄를 거부할 수도 있는 것이다.

네 번째 사회구조인 '집단 내에서의 차별적 사회위치'는 거시적 차원의 사회구조와 미시적 차원의 개인행동의 중간자적 역할을 하는 중간적 단위의 사회집단을 의미한다. 이런 집단들로는 가족, 친한 친구들이 소속되어 있는 **원초집단**, 친하지는 않지만 매일 상호작용하는 직장동료나 학교친구들이 소속되어 있는 학교나 **이차집단**, 그리고 개인이 롤모델로 삼고자 하는 사회의 각종 **준거집단** 등이 이에 속한다. 가족은 접촉(association)이 차별화되는 주요 사회기관이다(Akers & Jensen, 2006). 게다가, 가족은 청소년들에게 사회통제를 제공하는 주요한 기관이다(Gottfredson & Hirschi, 1990) 이런 의미에서 가족 구조, 즉 청소년이 양친과 함께 살거나 한 부모와 함께 살거나, 또 다른 가족구조(친부모 없는 조부/조모 가족, 계부/계모가족, 친척 가족 등)는 청소년들의 사회통제, 사회학습, 사회통합에 영향을 미치므로 청소년 비행을 촉진하거나 저지할 수 있는 중요한 매개체가 된다. 에이커스는 양부모와 함께 사는 것이 청소년 비행이나 범죄에 부적(–) 영향을 미친다고 주장한다(Akers & Jensen, 2006; Lee et al., 2004).

SSSL이론에서 네 가지 사회구조가 사회학습변인들을 매개하여 범죄율에 영향을 미친다고 주장하지만 에이커스는 모든 사회구조적 변수가 범죄행위와 범죄율에 영향을 미치는 것은 아니라고 주장한다.

> "사회구조적 변수는 범죄의 거시적 원인의 지표이다. 반면, 사회학습변수는 사회구조와 범죄율 간의 관계를 매개하는 근본 원인이다. 일부 구조적 변수는 사회학습변수에 영향을 미치지 않기 때문에 범죄와 관련되지 않고 범죄율을 설명하지 못한다."(Akers, 1998)

에이커스의 주장을 부연설명하면 [그림 4–3]의 네 가지 사회구조적 변수가 **종속변수**인 범죄율에 미치는 경로는 [그림 4–4]와 같이 세 가지로 구분된다. 여기서 일부 구조적 변수는 그림 [4-4]의 B경로에 따라 사회학습변수와 관련이 없기 때문에 범죄율변화에 영향을 미치지 않는다는 것이다.

[그림 4-4] 사회구조적 변수가 범죄율에 미치는 경로

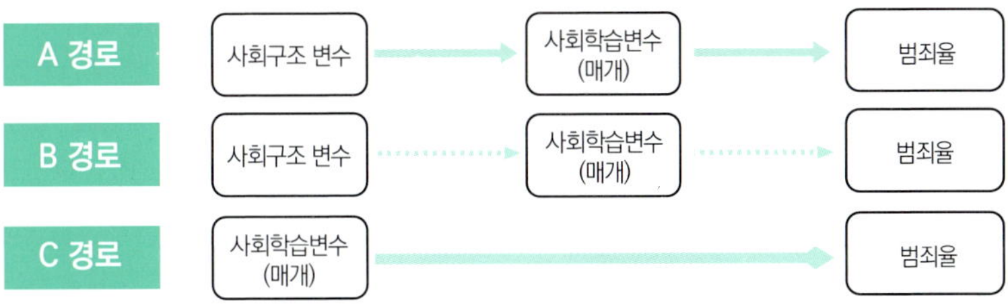

A 경로는 SSSL 모델에서 설명하는 전형적인 경로이다. 네 가지 사회구조 변수들은 사회학습변수들에 영향을 미치고 이 사회학습변수는 **종속변수**인 범죄율에 영향을 미치는 것이다. B 경로는 네 가지 사회구조적 변수 중에서 일부 변수들은 사회학습변수에 영향을 미치지 못하기 때문에 실제로 범죄율의 증가를 설명하지 못하거나 오히려 범죄율을 감소시키는 결과를 초래하는 경로이다. C 경로는 전통적인 사회학습이론에서 설명하는 학습이론 변수들이 직접적으로 범죄율에 영향을 미치는 경로를 말한다.

에이커스의 SSSL 이론을 요약하면, 네 가지 수준의 사회구조는 그 속에서 생활하는 사회구성원들의 생활에 상이한 수준의 사회학습 메커니즘으로 작동하기 때문에 개인의 범죄 및 비행의 시작, 유지, 발전, 또는 중단에 영향을 미치며 이는 결국 각기 다른 사회구조의 범죄율 차이로 나타난다는 것이다. 따라서 SSSL이론은 "왜 이러한 거

시적인 사회구조 변인들이 서로 차이를 보이고 존재하는가?"가 아니라 "네 가지 거시 사회구조적 차이점들이 어떻게 사회학습변인의 차이를 통해서 각 지역 간의 범죄율 차이로 나타나는가?"를 설명한다. 에이커스는 결국 SSSL 이론에서 이 네 가지 사회구조 변인이 사회학습변인들(차별적 접촉, 정의, 차별적 강화, 모방변인)을 매개하여 각 개인의 범죄성향(범죄를 거부하거나 순응하는 경향)을 설명하고 그 결과 각 지역 사회의 범죄율 차이로 나타난다고 주장한다(Akers, 1998).

(5) 경험적 연구

에이커스와 그의 동료들은 학습이론을 다양한 형태의 일탈과 범죄행위에 적용하여 경험적 타당성을 검증했다. 그들은 학습이론을 단독으로 검증했을 뿐만 아니라 다른 범죄이론과의 비교연구도 함께 수행했다. 경험적 연구결과, 사회학습이론의 변수가 단독으로 또는 다른 범죄이론과 결합하여 일탈, 비행, 범죄행동을 경험적으로 잘 설명하는 것으로 나타났다(Akers et al., 2016). 사회학습이론은 비교된 다른 이론적 모델보다 훨씬 더 일탈과 범죄행위의 원인을 잘 설명하는 것으로 나타났다. 사회학습이론의 경험적 검증은 미국뿐만 아니라 유럽, 아시아, 한국 등과 같은 다른 문화권에서도 경험적 검증과정을 거쳤다.

1) 미국에서의 검증

지금까지 미국에서 사회학습이론의 검증과정은 첫째, 에이커스와 그의 동료들의 연구와 둘째, 그 외 다른 범죄학자들의 수많은 연구로 진행되어왔다.

(a) 보이스타운 연구

보이스타운 연구는 에이커스와 그의 동료들이 1970년대 미국 중서부지역 청소년들의 대마초(마리화나)와 알코올 남용의 원인을 조사한 연구이다. 이 연구를 통해 에이커스는 버제스와 함께한 차별접촉–강화이론을 뛰어넘어 처음으로 사회학습이론의 네 가지 주요 개념을 구현했다. 즉, 에이커스가 주장한 사회학습이론의 네 가지 개념이 완벽하게 구현된 첫 번째 연구라는 점에서 상당한 의의를 지닌 연구였다. 연구의 비교 대상이 되었던 이론은 **사회유대이론**과 **긴장이론**이었다. 연구결과, 15개의 사회학습변인들은 마리화나 사용의 68%를 설명했으며, 10개의 변수가 투입된 **사회유대이론**은 마리화나 변량의 30%를, 4개의 긴장변수는 단지 3%의 변량만 설명하였다. 따라서 사회학습이론이 유대이론보다 약 2배 정도, **긴장이론**보다는 약 20배 정도 이상의 높은 설명력을 가지고 있었다(Akers et al., 1979; Akers & Cochran, 1985; Cochran & Akers, 1989; Krohn et al., 1982; 1984; Lanza–Kaduce et al., 1984).

(b) 아이오와 연구

보이스타운 연구 후에 에이커스는 아이오와(Iowa)주 무스카튼(Muscatine) 지역 청소년들의 흡연행위를 연구하였다. 이 연구의 데이터는 아이오와주 청소년 흡연의 5년간의 데이터를 사용한 **종단연구**(longitudinal study)였다. 아이오와대학의 소아심장전문의인 로널드 로어(Ronald Lauer)와 공동으로 진행된 이 연구에서 아이오와 의과대학에 근무하는 연구자들과 대학원생들도 함께 참여했다. 그 당시 흡연행위는 청소년비행에서 비교적 가벼운 일탈행위로 간주하였지만, 담배에 함유된 니코틴의 영향은 청소년들이 좀 더 중독성이 강한 불법약물로 진행되는 첫 관문이라는 사실을 인식했다. 아이오와 연구는 사회학습 변수들이 단독으로 측정되었으며, 처음으로 5년간의 청소년 흡연 종단자료를 사용하여 학습이론을 검증했다는 점에서 흡연의 연속성에 미치는 영향을 검증할 수 있었다. 연구결과, 청소년이 흡연을 시작하는 첫해에는 사회학습변인들이 청소년 흡연의 54%를 설명하였다. 그 이후 2년 차에 흡연을 계속했으나 3년 차에 흡연을 중단한 청소년들의 흡연지속과 중단의 원인으로 사회학습변수들은 41%의 흡연변량을 설명했다. 이 연구에서 금연자들을 5년간 추적 조사했을 때 사회학습변수들은 흡연의 시작을 잘 설명했으나, 금연자들이 다시 흡연을 시작하는 이유는 잘 설명하지 못했다. 구체적으로 친구와의 차별적 접촉이 청소년 흡연 지속과 중단을 가장 잘 설명했으며, 모방(부모모방)변인과 정의(흡연에 대한 부모의 태도와 청소년 자신의 정의)변인도 통계적으로 5년 치의 흡연행위를 잘 설명했다(Lauer et al., 1982; Akers et al., 1983; Krohn et al., 1983; 1985, Spear & Akers, 1988; Akers & Lee, 1996).

(c) 플로리다 연구

1974년부터 1980년까지 아이오와대학의 교수로 재직하면서 아이오와 연구를 수행한 에이커스는 1980년에 플로리다대학의 사회학과 교수로 자리를 옮기게 된다. 80년대 범죄학 연구의 주 대상은 청소년이었다. 청소년의 약물남용이 범죄학연구자들이 가장 많이 연구한 분야였지만 에이커스는 노인층이 많이 거주하는 플로리다 지역특성상 노인의 음주행위에 관심을 가지기 시작했다. 일반적으로 청소년 음주 및 흡연을 포함한 일탈행위는 나이가 들어감에 따라 점차 감소한다고 생각했기 때문에 그 누구도 노인의 음주행위를 심각하게 생각하지 않았다. 요양시설이나 노인밀집지역에서 생활하는 노인들의 음주행위에 관심을 가지기 시작한 에이커스는 노인들 중 누가 술을 마시며, 또 어떤 부류의 사람들이 알코올 중독자가 되는지를 사회학습 변수로 설명하는 '노인음주행위(elderly drinking behavior)'에 대한 연구를 착수했다. 에이커스는 플로리다주 피넬라스(Pinellas)와 알라츄아(Alachua) 카운티에 거주하는 678명의 노인을 면접법으로 조사한 표본을 대상으로 로지스틱 회귀분석을 사용하여 노인들의 음주행위를 사회학습이론으로 설명했다. 연구결과, 60세 이상 노인의 음주시작, 빈도, 양은 (청소년 음주행위와 마찬가지로) 사회학습변수로 잘 설명되었다(Akers & La Greca, 1988; 1991, Akers et al., 1987; 1989; La Greca et al., 1988). 그러나 에이커스는 플로리다 연구에서 사용한 표본의 수가 너무 적어 좀 더 많은 표본을 사용하여 노인들의 음주행위를 연구할 필요성이 있다고 지적했다.

(d) 강간과 성폭력 연구

보이스타운, 아이오와, 플로리다 연구에서 에이커스는 주로 청소년들의 음주 및 흡연과 노인들의 음주행위처럼 비교적 가벼운 비행이나 범죄에 해당하는 일탈행위를 연구대상으로 삼았다. 그 당시 동료학자들은 일탈과 범죄분야에서 가장 많이 검증된 에이커스의 사회학습이론과 허쉬의 **사회유대이론**의 설명력이 비교적 처벌이 가벼운 청소년 **경비행**에 국한되어 있다고 비판했다. 이런 비판을 의식한 에이커스는 좀 더 심각한 대인관계 범죄에 사회학습변수들을 적용함으로써 이 이론이 **경비행** 뿐만 아니라 중범죄를 아우르는 범죄일반이론으로 평가받는 계기를 마련했다. 에이커스가 플로리다대학에 재직할 당시 강간범죄에 대한 연구 과제를 수주하지는 못했다. 대신에 그의 제자 중 한 명인 베링거(Boeringer)가 사회학습이론을 강간연구에 적용한 논문을 발표했다(Boeringer et al., 1991). 강간범죄에 대한 사회학습이론의 적용은 두 단계에 걸쳐 진행되었다. 첫 번째는 미국남동부의 대학에 재학하고 있는 학생 중 표본추출된 262명의 남자 대학생을 대상으로 자기기입식 설문조사를 진행했다. 이 연구에서는 사회학습변수들만 설문에 사용되었다. 세 가지 **종속변수**인 강간(rape), 성추행(nonphysical coercion), 성폭력(physical force)을 사회학습이론에 회귀분석한 결과, 네 가지 사회학습변수들은 53%의 강간변량을, 41%의 성추행변량을, 15%의 성폭력 변량을 설명했다(Boeringer et al., 1991). 사회학습변인 중에서 차별적 강화변수가 **종속변수**들을 가장 잘 설명했으며, 성폭력에 대한 전반적인 차별강화와 친구들의 반응이 강간, 성추행, 성폭력을 통계적으로 유의미하게 설명했다. 즉, 대학생들이 강간을 포함한 성 관련 범죄를 저지를 때 친구들의 반응이 긍정적이거나 처벌보다는 성 욕구를 채우는 보상이 크다고 느낄 때 성 관련 범죄를 저지르는 것으로 나타났다.

성 관련 범죄에 대한 두 번째 연구는 15,000명의 남자대학생 중 표본추출과정을 통해 선정된 477명을 대상으로 사회학습이론뿐만 아니라 허쉬의 **사회유대이론**과 갓프레드슨과 허쉬의 **자기통제이론**을 동시에 적용했다. **종속변인**으로는 첫 번째 연구에서 사용된 세 가지 성 관련범죄에 '성폭력 전략을 위한 약물과 알코올 중독사용'변수를 추가했다. 연구결과, 사회학습변수들은 성추행, 약물중독, 강간, 강간성향의 변량을 각각 22%, 22%, 21%, 54%를 설명했다. 하지만 자기통제변수들은 각각, 6%, 2%, 4%, 7%를 설명했으며, 사회유대변수들은 각각 8%, 3%, 5%, 7%를 설명하는 데 그쳤다. (첫 번째 연구결과와 마찬가지로) 사회학습변수의 강화균형변수와 친구들의 반응변수가 **종속변수**들과 가장 깊은 상관관계를 가지고 있었다. 그뿐만 아니라 강간을 저지른 경험이 있거나, 강간을 위해 약물을 사용한 경험이 있는 친구와의 차별적 접촉변수 또한 통계적으로 유의미한 상관관계를 나타냈다(Boeringer & Akers, 1993).

(e) 비교문화 연구

강간의 원인에 대한 사회학습이론의 설명력이 다른 범죄이론에 비해 뛰어나다는 것을 확인한 에이커스의 이론이 전 문화권과 사회를 뛰어넘는 범죄일반이론으로 자리 잡기 위해서는 미국이나 유럽이 아닌 다른 문화권이나 국가에서의 경험적 검증이 필요했다. 이 작업은 1990년대 말 에이커스의 지도제자인 황성현에 의해 이루어졌다. 황성현은 플로리다대학교에서 연구자금을 지원받아 1999년에 부산지역 고등학생을 대상으로 청소년 약물남용에 관한 연구를 했다. 이 연구는 부산지역 고등학교를 **모집단**으로 총 1,035명의 인문계 및 실업계 고등학생을 확률표본 추출하여 사회학습이론, **사회유대이론**, **자기통제이론**을 사용하여 청소년 약물남용의 원인을 파악하는데 목적이 있었다. 황성현은 미국과 서구권에서 발전되고 경험적으로 검증된 범죄이론들이 과연 상이한 전통과 사회구조, 문화를 가진 한국에 적용했을 때 서구권과 마찬가지로 범죄이론들이 설득력을 가지는지에 대한 의문을 가지고 연구에 착수했다. 이 연구에 사용된 **종속변인**은 술, 담배, 흥분제, 신경안정제, 마리화나, 강성약물 등이었다.

연구결과, 사회학습 변인들은 비교대상이 되었던 **사회유대이론**이나 **자기통제이론**의 변수들보다 설명력이 훨씬 뛰어난 것으로 드러났다(Hwang & Akers, 2003; 2006). 사회학습변수들은 전체 고등학생 음주행위의 58%, 흡연행위의 67%, 진정제사용의 47%, 흥분제사용의 42%를 설명했지만, **사회유대이론**과 **자기통제이론**의 변인들은 청소년 불법약물 사용의 10% 정도만 설명했다. 특히, 사회학습변인 중에서 친구와의 차별적 접촉 변인의 설명력은 어떤 다른 변인들보다 설명력이 뛰어난 것으로 나타났다. 이 연구를 통해 사회학습이론은 미국 및 서구권뿐만 아니라 동양권에 속하는 한국에서도 청소년 약물남용의 원인을 가장 잘 설명하는 이론으로 밝혀짐에 따라 사회학습이론은 문화적 전통, 사회적 환경, 사회구조를 뛰어넘는 범죄의 일반이론으로 자리매김하는 계기가 되었다.

사회학습이론은 미국뿐만 아니라 다른 서구권과 아시아 국가에서도 폭넓게 검증되었다. 독일에서(Bruinsma, 1992), 프랑스에서(Kandel & Adler, 1982), 아일랜드에서(Nolan, 1994), 스웨덴에서(Smangs, 2010), 이스라엘에서(Cohen & Zeira, 1999; 푸에르토리코에서(Miller et al., 2008), 인도에서(Hartjen & Kethineni, 1999; 이란에서(Aliverdinia & Pridemore, 2007), 터키에서(Özbay & Özcan, 2006), 중국에서(Zhang et al., 2007), 대만에서(Wang & Jensen, 2003), 한국에서(Jennings et al., 2011), 일본에서((Tanioka & Glaser, 1991), 그리스, 러시아, 그리고 우크라이나의 비교연구에서(Antonaccio et al., 2010), 미국과 볼리비아의 비교연구에서(Meneses & Akers, 2011), 미국과 한국의 비교연구에서(황성현, 2007), 사회학습이론이 단독으로 때로는 다른 범죄이론의 비교연구에서 청소년 약물남용을 포함한 비행 전반을 잘 설명하는 이론으로 드러났다.

(f) 사회구조와 사회학습이론의 연구

1998년 에이커스가 사회구조와 사회학습이론을 발표한 이래 지금까지 서구와 아시아권 사회에서 SSSL이론을 경험적으로 검증한 많은 연구결과가 발표되었다. SSSL 이론의 검증에서 가장 많이 사용된 사회구조변인은 '사회구조에서의 차별적 위치'변수인 연령, 성별, 계급, 인종과 '집단에서의 차별적 사회위치'변수 중 가족구조 변인이었다. 이런 거시구조변인이 SSSL 이론 검증에서 가장 많이 사용된 이유는 기존 거시범죄학에서 많이 사용됐던 변인이기 때문일 것이다. 성별은 여성주의 범죄학자들의 주요 관심 변인이며, 연령은 미시, 거시범죄학자들이 모두 다 관심을 가지며, 특히 (전장에서 언급한) **발전이론**가들의 주요 연구대상이다. 계급과 인종은 **갈등주의** 범죄학자들이 주장한 것처럼 우리 사회의 법과 질서는 권력과 지위를 가진 자들이 그들의 권력을 유지하기 위해 하위계층과 유색인종들에게 더 가혹한 형벌을 부과한다고 주장하기 때문에 연구의 주요관심 대상이었다.

홀란드-데이비스(Holland-Davis)는 청소년 약물사용을 **종속변인**으로 설정하고 SSSL 이론을 전반적으로 검증했다. 검증결과, 구조적 변수들이 사회학습변수를 중재(매개)하여 약물사용에 유의미한 영향력을 미쳤다(Holland-Davis, 2006). 이 연구에서 성별은 사회학습 변수들에 의해 어느 정도 매개되었지만, 성별 자체가 약물남용에 직접적으로 영향을 미치는 부분도 있었다. 그 결과 성별은 완벽하게 사회학습 변수를 매개하여 **종속변수**에 영향을 미치는 것이 아니라 여성은 사회학습 변수와 상관없이 남성보다 약물남용을 덜 하는 것으로 나타났다. 또한 성별효과는 인종, 계급, 연령과 같은 사회구조 변수보다 사회학습이론과 같은 사회심리학적 변수에 의해 매개될 때 더 강하게 나타나는 경향이 있었다(Akers et al., 2016).

성별이 사회학습변수에 의해 매개되지 않는 연구결과도 제법 존재한다. 젠슨(Jensen)은 청소년의 **경비행**과 **중비행** 모두에서 성별 차이가 사회학습 변수가 포함될 때 유의미하지 않게 나타나는 것을 발견했다(Jensen, 2003). 최근 터키 청소년의 비행을 SSSL 이론으로 분석한 연구에서도 비슷한 결과가 도출되었다. 성별은 터키 청소년의 전반적 비행에 사회학습변수를 매개하지 않고 직접적으로 유의미한 영향을 미침으로써 사회학습변수가 성별을 매개하지 못했다(Solakoglu & Yuksek, 2020).

가족구조에 대한 SSSL 이론의 매개효과는 상반된다. 에이커스가 수집한 보이스타운 데이터를 사용하여 사회구조변수의 영향력을 재분석한 연구결과에 의하면, 사회경제적 지위, 연령, 가족구조, 지역

사회 크기의 사회구조변수는 사회학습변수를 매개하여 청소년 약물남용에 영향을 미쳤다(Lee et al., 2004). 그러나 터키 청소년의 전반적 비행을 조사한 연구에서, 가족구조는 청소년 비행과 상관없는 **독립변수**로 나타났다. 가족구조는 직접적으로 청소년비행을 설명하지 못할 뿐만 아니라 사회학습변수를 매개한 간접적 효과도 나타나지 않았다. 이는 터키사회가 가진 사회구조적인 면에 기인한다고 볼 있다. 즉 표본으로 추출된 청소년가구의 90% 이상이 양부모와 함께 생활하고 있었기 때문에 가족구조가 청소년비행에 유의미한 영향력을 미치지 못하는 것으로 추정된다. 따라서 가족구조는 양부모가족이 대부분인 동양권 사회나 가족의 유대를 중시하는 라틴아메리카 사회에서는 비행 및 범죄에 영향력을 미치지 못할 것으로 예상된다. 미국을 포함한 서구 유럽사회에서 가족구조는 아시아권과 달리 양부모가족의 비율이 상대적으로 낮기 때문에 사회학습 변수의 매개효과를 어느 정도 기대할 수 있을 것이다.

SSSL 이론을 가장 활발하게 연구하는 학자로는 지난 몇십 년간 에이커스와 함께 연구하고 현재 플로리다대학교에 같이 재직하고 있는 란자-카듀체(Lana-Kaduce)이다. 란자-카듀체는 1999년 부산지역 고등학생의 약물남용에 관한 황성현의 박사학위 논문을 지도한 지도교수 중 한 사람이기도 하다. 그는 차페크(Capece)와 함께 미국 전역의 8개 대학에 재학하는 학생들을 대상으로 폭음(binge drinking) 문제를 SSSL 이론으로 설명했다. 이 연구에서 그들은 네 가지 사회학습개념을 전부 사용한 것이 아니라 두 개의 사회학습변인(정의와 차별적 강화)만 사용하여 사회구조가 폭음문제에 미치는 영향을 연구했다. 두 개의 변인만 사용한 이유는 폭음(binge drinking)을 연구하기 위해 설계된 '핵심알코올 및 약물서베이 자료(Core Alcohol and Drug Survey)'를 이차자료로 사용했기 때문에 사회학습 변인이 이 자료에 모두 포함되지 않았다. 따라서 란자-카듀체의 연구는 SSSL이론을 전체적으로 검증하지 않은 부분검증(partial test)이란 한계점을 가지고 있다. 연구결과 사회구조변인인 지역차이는 나타나지 않았지만, 성별, 인종, 남학생/여학생 클럽회원, 대학 내에서의 규범적 환경 등의 사회구조적 변수가 두 가지 사회학습 변수를 매개하여 대학생의 폭음행위를 유의미하게 설명하는 것으로 나타났다(Lanza-Kaduce & Capece, 2003).

(Lonn Lanza-Kaduce : ?-현재)

동일한 '핵심알코올 및 약물서베이 자료(Core Alcohol and Drug Survey)'을 사용한 다른 연도의 연구에서는 이전 연구결과와 조금 상이한 결과를 도출했다(Capece & Lanza-Kaduce, 2013). 2013년 연구에서 란자-카듀체는 4,639명의 표본을 대상으로 폭음문제를 다중회귀분석한 결과, 13개의 사회구조적 변인은 전반적으로 사회학습변인을 매개하여 폭음행위에 영향을 미쳤다. 그러나 회귀분석에서 사회학습변인인 처벌, 보상, 정의변수와 사회구조변인인 인종, 결혼유무, 성별, 리더십 위치 변인들 사이의 상호작용효과(interaction effect)를 측정한 결과 통계적으로 유의미하게 **종속변수**를 설명하였다. 구체적으로 상호작용 효과는 예상되는 보상이 리더십 위치, 백인 및 남성의 폭음에 더 큰 영향을 미쳤으며, 예상되는 처벌은 폭음에 영향을 주는 여러 가지 사회구조변수와 상호작용했다. 즉, 예상되는 처벌은 알코올이 사회생활의 중심이 되는 캠퍼스생활에서 폭음을 줄이는 것으로 나타났으며, 또한 결혼한 학생들 사이에서 예상되는 처벌의 두려움으로 인해 음주를 줄이는 것으로 드러났다. 이 연구결과는 에이커스가 SSSL이론에서 예상하지 못한 것으로 란자-카듀체는 차후 연구에서 좀 더 정교한 사회학습이론의 변수들을 정립해야 할 필요성이 있다고 주장했다(Capece & Lanza-Kaduce, 2013).

에이커스는 사회구조변수와 사회학습변수의 관계에서 사회해체가 사회학습변수에 영향을 미치고 그 결과 범죄율에 영향을 미친다고 주장한다(Akers et al., 2016). 사회해체가 사회학습을 매개하여 범죄율에 영향을 미친다는 몇 가지 연구결과가 있다. 헤이니(Haynie)와 그의 동료들은 친구와의 차별접촉이 고려될 때 하위계층 거주지역에서는 폭력적인 또래 네트워크가 형성되어 있기 때문에 사회구조인 사회해체가 친구와의 차별접촉을 매개하여 청소년비행에 영향을 미친다고 주장하였다(Haynie et al., 2006). 깁슨(Gibson)과 그의 동료들의 연구에서도 사회경제적으로 열악한 거주지역의 높은 폭력비행률은 친구와의 차별접촉이 강한 **매개변인**으로 작용한다고 주장했다(Gibson et al., 2010). 벨리(Bellair)와 맥널티(McNulty)는 사회해체가 급속하게 진행되는 지역에서 폭력범죄가 많은 것은 폭력하위문화에 익숙한 청소년들이 갱멤버에 가담하거나, 폭력행동에 우호적인 태도를 가지거나, 폭력을 정당화하는 정의를 가지는 폭력친구들과의 차별적 접촉이 빈번하게 일어나며 폭력행위를 저지른 후 친구들의 차별적 강화가 발생하기 때문이라고 주장했다(Bellair & McNulty, 2009). 즉, 폭력하위문화가 사회학습 변수들을 매개하여 청소년들의 폭력행위에 영향을 미치기 때문에 사회해체지역의 폭력율이 다른 지역에 비해 높게 나타난다고 주장하였다.

SSSL 이론이 미국이 아닌 다른 문화권에서도 경험적으로 검증된 연구결과가 있다. 사회학습이론을 한국에 적용한 연구로 이미 1999년에 항성현이 부산지역 고등학생을 확률표본 추출한 청소년 약물남용 데이터를 사용하여 에이커스의 사회구조와 사회학습이론(SSSL이론)을 적용한 연구가 있다(Kim et al., 2013). 연구결과, 한국의 청소년들에게 환경적 영향이 그들의 음주행위에 영향을 미치고 있다는 것을 보여주었는데, 이는 SSSL 이론의 주장을 강하게 지지하는 결과였다. 즉, 거시적 수준의 지역 환경적 특성이 개인적 수준의 사회학습과정을 통해서 중재되는 것으로 나타났다. SSSL이론을 터키에 적용한 연구도 존재한다. 연구자들은 터키는 서구사회와는 다른 가족구조, 집단주의 문화, 종교, 믿음체계, 규범 등을 가지고 있다고 주장했다. 그런 사회 문화적 환경하에서도 SSSL 이론이 작동할 것인지를 터키 청소년의 비행을 **종속변인**으로 연구했다. 구조방정식(structural equation mode: SEM)을 분석도구로 사용한 연구결과, 사회학습변인은 비행에 상당 부분 영향을 미쳤고, 사회구조변수 또한 학습변수를 매개하여 비행에 영향을 미쳤다. 그러나 성별은 종속변수에 직접적인 영향을 미쳐 학습변수가 매개하지 못했으며, 가족구조는 청소년비행을 전혀 설명하지 못했다. 사회계층과 나이는 사회학습변수를 매개하여 어느 정도 수준에서 터키 청소년들의 비행에 영향을 미쳤다(Solakoglu & Yuksek, 2020).

(g) 그 밖의 연구

에이커스의 사회학습이론에 관한 경험적 연구는 주로 에이커스와 그의 동료들, 그의 대학원 제자들에 의해 수행되었지만, 그 밖의 동료학자들도 학습이론을 경험적으로 검증했다. 특히 사회학습이론은 다른 경쟁적인 범죄이론과의 비교연구에서 뛰어난 설명력을 보였다. 다시 말해 동일한 자료를 사용하여 다른 범죄이론과의 비교연구에서 사회학습이론의 변수들은 경쟁이론보다 더 설명력이 뛰어난 것으로 나타났다 (Benda, 1994; Burton et al., 1994; Matsueda & Heimer, 1987; McGee, 1992; Neff & Waite, 2007; Preston, 2007; Smang, 2010).

맥기(McGee)는 청소년 약물남용에서 부모와 친구의 영향력 중 어느 쪽이 더 강한지를 사회학습이론, 사회통제이론, **긴장이론** 등을 이용하여 비교 연구하였다. 연구결과, 사회학습이론의 차별적 접촉변수가 부모의 영향보다는 친구의 영향을 통하여 청소년 약물남용에 더 많은 영향을 미쳤으며, 이는 부모의 영향력을 더 강조하는 사회통제이론보다 사회학습이론이 청소년 약물남용에 더 많은 영향을 미쳤다는 사실을 의미한다(McGee, 1992). 사회학습과 여타 범죄이론과의 비교연구를 종합한 프랫(Platt)과 컬른(Cullen)의 매타분석에서 차별접촉과 정의 변인이 범죄행위에 유의미한 영향력을 미쳤다(Pratt & Cullen, 2000). 또 다른 프랫의 2010년 매타분석에서는 사회학습이론의 네 가지 주요변수가 범죄 및 일탈행위를 잘 설명했다. 이 분석에서 차별접촉과 정의 변수의 영향력이 가장 강했으며, 차별적 강화와 모방변인은 적당한 수준에서 **종속변수**를 설명하는 것으로 나타났다(Pratt et al., 2010).

사회학습이론에서 차별적 강화와 모방을 통해 범죄에 우호적인 정의를 가지고 비행친구와의 차별적 접촉을 가능하게 하는 가장 중요한 집단은 부모와 친구집단이다. 예를 들면, 음주와 흡연행위를 하는 청소년은 그런 행위에 대한 부모의 반응(차별적 강화)이 부정적이지 않으며, 부모 또한 술과 담배를 즐긴다면(모방), 청소년 자신이 술과 담배에 대한 우호적인 정의를 가질 가능성이 높으며 비슷한 부류의 친구들과 어울려 음주와 흡연행위를 자주 할 것이다. 많은 범죄학자는 부모-자식 간의 관계가 청소년들의 일탈행위에 상당한 영향력을 미친다는 연구결과를 얻어 냈다. 부모는 자녀들의 비행과 범죄에 대한 올바른 **사회화과정**의 책임자이다. 부모는 그들의 훈육방식을 통해 자식들에게 반범죄적 정의(anti-criminal definitions), 법순응 모델, 사회규범을 강화하도록 가르치며 가족 내에서 사회규범을 강화시키는 가장 큰 역할을 한다(Akers et al., 2016). 그러나 비행행위는 이런 가족의 내부적 통합을 방해하는 역할을 하고, 특히 부모의 비행행위나 범죄성은 자녀들이 모방이나 부모의 반응을 통해 자녀들의 장래 비행이나 범죄를 예견하는 역할을 한다(McCord, 1991).

구체적으로 그프로이어(Gfroerer)는 부모의 약물사용은 자식의 남용에 그대로 전수되는 경향이 있다고 주장했으며(Gfroerer, 1987), 칸델

(Kandel)은 자녀의 약물사용에 대한 부모의 반응은 자녀가 장차 약물을 사용하지 못하게 하는 적절한 수단이 되며, 부모-자식 간 애정과 사랑으로 돈독한 가족은 자녀가 약물 사용에 대한 부정적 사고를 하게 만든다고 주장했다(Kandel, 1990). 도리우스(Dorius)와 그의 동료들도 친구집단의 약물사용과 청소년들의 대마초 흡연과의 관계를 완화시키는 역할을 하는 **매개변인**으로 아버지-자녀간의 밀접한 유대감이 중요하며, 자녀의 일탈행위를 부모가 인지하고 있는지 아닌지의 인식여부가 자녀의 대마초흡연에 상당한 영향력을 미친다고 주장했다(Dorius et al., 2004). 그 외 다른 연구들도 청소년들의 일탈행위에 큰 영향을 미치는 요인으로 부모의 역할을 강조했다(Barman et al., 2004; Ennett et al., 2001).

하지만, 청소년들의 일탈 및 비행행위에 가장 중요한 역할은 하는 **원초집단**은 친구집단이다. 청소년 일탈과 비행행위에 관한 가장 확정적이고 반복적인 연구결과는 비행친구집단의 영향력이다(Avenevoli & Merikangas, 2003; Curran et al., 2000; Flay et al., 1994; Kobus, 2003; McGee, 1992; McLntosh et al., 2003; Sieving et al., 2000). 청소년 흡연연구에서 플레이(Flay)와 그의 동료들은 친구집단의 흡연은 청소년 자신들의 초기 흡연에 직접적, 간접적으로 영향을 미치지만, 부모의 흡연은 청소년들의 초기 흡연에 간접적 영향만 미칠 뿐이라고 주장했다(Flay et al., 1994). 시빙(Sieving)과 그의 동료들도 친구집단이 음주를 자주 하는 청소년들은 음주행위를 자주 할 뿐만 아니라, 그들의 음주행위를 가속화하는데 친구집단의 영향력이 가장 크다고 주장했다(Sieving et al., 2000).

2) 한국에서의 검증

한국에서 사회학습이론에 대한 경험적 검증은 2000년도 들어서면서 활발하게 진행되었으며 주로 황성현과 그의 동료들이 주도적으로 사회학습이론과 경쟁적인 범죄이론의 비교연구를 통해 이루어졌다.

(a) 황성현과 그의 동료들의 연구

황성현과 그의 동료들의 연구는 세 가지 종류의 데이터를 사용하여 사회학습이론을 주로 검증하였다. 첫 번째 데이터는 1999년 황성현이 부산지역 고등학생의 청소년 약물남용 실태를 조사한 자료이고, 두 번째 데이터는 한국청소년정책연구원에서 2003년(1차년도)부터 2008년(6차년도)까지 수집한 한국청소년패널자료 중 중등패널(중학교 2학년부터 시작)이다. 세 번째 데이터는 청소년정책연구원에서 2010년(1차년도)부터 2016년(7차년도)까지 조사한 한국아동 · 청소년패널자료 중 중학년 1학년 패널자료가 중심이 되었다.

(가) 부산지역 고등학생 약물남용 자료

① 약물남용에 관한 사회학습, 사회유대, 자기통제이론의 비교연구

부산지역 고등학생들의 대상으로 한 약물남용 데이터를 사용한 연구에서는 사회학습이론, **사회유대이론**, **자기통제이론**의 상대적인 영향력을 비교한 연구이었다. 연구결과 (이미 비교연구 결과에서 설명한 것처럼) 사회학습 변인들은 비교대상이 되었던 **사회유대이론**이나 **자기통제이론**의 변수들보다 설명력이 훨씬 뛰어난 것으로 드러났다(Hwang & Akers, 2003). 사회학습변수들은

전체 고등학생 음주행위의 58%, 흡연행위의 67%, 진정제사용의 47%, 흥분제사용의 42%를 설명했지만, **사회유대이론**과 **자기통제이론**의 변인들은 청소년 불법약물 사용의 10% 정도만 설명했다.

② 약물남용에 관한 부모와 친구집단의 비교연구

부산지역 고등학생의 약물남용에 대한 두 번째 연구는 사회학습이론과 **사회유대이론**을 비교 · 분석하여 청소년 약물남용에서 부모와 친구집단의 상대적인 영향력 크기를 분석한 것이었다(Hwang & Akers, 2006). 연구결과를 그림으로 [그림 4-5]와 같다.

[그림 4-5] 청소년 약물남용에 관한 경로분석결과

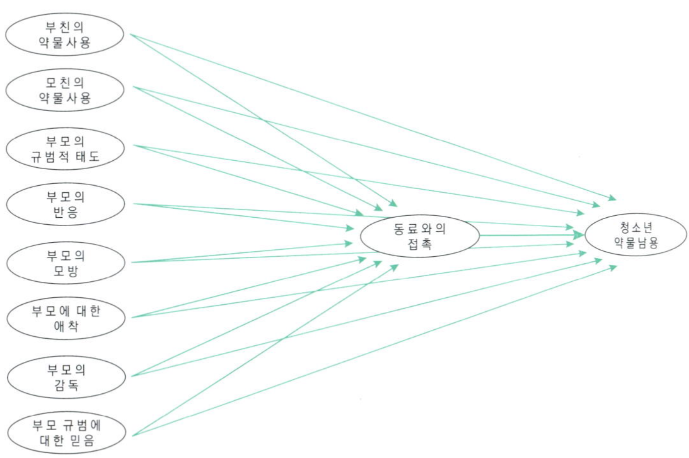

연구결과, 약물남용에 관한 부모의 직접적인 영향력보다는 친구와의 차별적 접촉을 통한 간접적인 영향력이 더 큰 것으로 나타났다. 즉, 청소년들의 약물남용에 대해 부모의 부정적이지

않은 태도나 반응이 직접적으로 청소년들에게 영향을 미친 것이 아니라, 술, 담배, 진정제, 흥분제 사용에 대해 부모의 태도나 반응이 부정적이지 않거나 무관심한 가정의 청소년들은 친한 친구들이 그런 약물을 자주 사용하는 친구들과 자주 어울려 청소년 자신도 자연스럽게 약물을 남용하게 되는 것으로 드러났다. 구체적으로 '동료와의 접촉' 변인은 청소년들의 약물남용에 직접적이며 가장 강력한 영향력을 미쳤지만, 부모변인들은 청소년들의 약물남용에 직접적 영향력을 미치기보다는 '동료와의 접촉'이라는 **매개변인**을 통해 간접적으로 자녀들의 약물사용을 통제하거나 간섭하는 것으로 드러났다.

(나) 한국과 미국청소년들의 약물남용에 관한 비교연구

사회학습이론과 **사회유대이론**에서 추출된 동일한 측정도구를 사용하여 미국과 한국 청소년들의 약물남용의 원인을 비교 · 분석하였다(황성현, 2007). 미국 데이터는 아이오와, 네브래스카, 위스콘신주에 거주하는 남녀 7학년~12학년 3,065명을 분석한 보이스타운 연구자료이며, 한국 데이터는 부산지역 남녀고등학생 1,035명을 확률표본 추출한 자료였다. 두 집단의 비교 · 분석 결과, 미국 청소년들이 한국 청소년들보다 훨씬 더 많이 불법약물(술, 담배, 흥분제, 신경안정제, 마리화나, 강성약물)을 사용하였다. 두 집단의 회귀분석결과, 사회학습변인들이 사회유대변인들보다 미국과 한국의 청소년 양쪽 모두에서 술과 진정제 및 흥분제 남용을 더 잘 설명하고 있었다. 이 결과는 미국과 서구 유럽에서 발전되고 경험적으로 검증된 사회학습이론이 서구와

상이한 전통, 사회구조, 문화를 가진 한국에서도 여전히 설득력이 있다는 사실을 증명한 의미 있는 연구결과였다.

(다) 한국과 미국 청소년의 음주행위에 대한 사회학습이론적 연구

한국과 미국의 동일한 데이터를 사용하여, 사회학습변인들 중에서 어떤 변인이 미국과 한국 청소년들의 음주행위에 가장 강한 영향력을 미치는지를 살펴보았다(황성현, 2008). 한국 청소년의 구조방정식 분석결과는 [그림 4-6]과 같다.

[그림 4-6] 한국 청소년들의 음주행위에 대한 구조방정식 모델

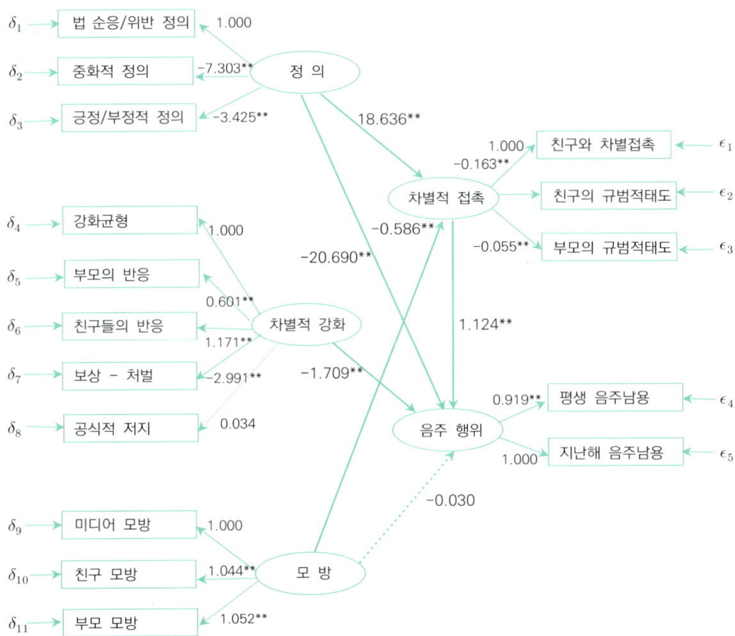

* 경로계수는 비표준화 추정치임 / * 경로계수의 유의수준 : * p〈 .05 ** p〈 .01
* 실선은 유의미한 경로를 나타내며, 점선 (---〉)은 유의하지 않은 경로를 나타냄.

구조방정식 분석결과, 한국의 경우, '정의'에서 '음주행위'로의 경로도가 유의미한 것으로 나타났지만, 미국의 경우, 신뢰할 수 없는 것으로 나타났다. 즉, 미국 청소년들이 음주에 대한 긍정적 또는 중립적 생각이 강하고 부정적 생각이 약할수록 자신이 음주행위를 할 가능성은 많아지지는 않는 것으로 드러났다. 또한 **독립변인**들이 **종속변인**을 얼마나 잘 설명하고 있는지를 보여주는 다중상관자승의 비교에서 미국의 경우, 한국의 경우보다 설명력이 다소 떨어지는 것으로 나타났다(미국: 한국 = R^2 =0.39: R^2 =0.65). 즉, 한국에서 사회학습이론은 미국의 경우보다 청소년 음주행위를 더 잘 설명하는 것으로 나타났다. 그럼에도 불구하고 미국의 청소년들은 한국 청소년들에 비해 음주를 남용하는 비행친구들과 더 잘 어울리는 경향을 보였다(미국: 한국 = R^2 =0.85: R^2 =0.49). 요약하면, 사회학습이론의 네 가지 변수들은 미국 청소년들의 음주행위보다는 한국 청소년들의 음주행위를 더 잘 설명하는 것으로 나타났다. 이에 따라 미국과 상이한 전통, 사회구조, 문화를 간직한 한국사회에서도 사회학습이론은 여전히 설득력을 지니고 있을 뿐만 아니라 친구와의 유대보다 오히려 가족 간의 유대가 더 강한 것으로 알려져 있는 한국사회조차도 청소년 음주행위에 결정적 영향을 주는 변인은 가족이 아니라 친구집단이란 사실이 확인되었다.

(라) 청소년패널자료 연구

① 청소년 음주 · 흡연행위에 대한 세 가지 비행이론의 비교연구

이 연구는 청소년 음주 및 흡연행위의 원인을 사회유대, 자기

통제, 사회학습이론의 변인들을 사용하여 비교 분석한 것이다(황성현, 2009). 패널자료 1년차부터 5년까지의 **종단자료**(longitudinal data)를 분석한 결과, 중학교 2학년 때부터 고등학교 3학년 때까지 5년 동안 지속적으로 담배를 피운 82명의 청소년과, 술을 마신 281명의 청소년을 분석한 결과, 음주와 흡연행위에 통계적으로 유의미한 영향력을 미친 변수는 **사회유대이론**의 친구애착, 자아통제이론의 육체적 활동 선호, 사회학습이론의 음주 및 흡연친구와의 차별적 접촉 변인이었다. 5년차 시점에서 세 가지 비행이론의 상대적인 영향력을 분석한 결과에서는 **사회유대이론**과 **자기통제이론**은 청소년 음주 및 흡연변량을 동일하게 2.7%와 4.6%를 설명했다. 그러나 사회학습변인들은 음주변량을 9.7%, 흡연변량을 22.9%까지 설명했다. 이 연구에서 사회학습변인들은 유대이론(9개)과 **자기통제이론**(6개)보다 더 적은 변수(4개)가 분석에 투입되었음에도 불구하고 설명력이 가장 높았다.

② 부모와 친구집단이 청소년 음주 · 흡연행위에 미치는 영향

이 연구는 청소년 음주 · 흡연행위에 관한 부모와 친구변인의 영향력이 청소년의 연령변화에 따라 어떻게 다르게 나타나는지를 살펴보는 데 그 주된 목적이 있었다(황성현, 2010a). 특히 이 연구는 **발전이론** 중에서 손베리(Thornberry)의 상호작용이론을 중심으로 청소년들의 음주 · 흡연행위의 시기별 (초기, 중기, 후기) 변화를 추적하였다. 연구 자료는 초등패널 5년치 자료와

중등패널 5년치 자료 모두를 사용하여 **종단연구**를 실행하였다. 분석결과 초등패널과 중등패널 양쪽 모두에서 손베리의 **상호작용이론**(intgeraction theory)을 일부 지지하는 것으로 나타났다. 즉, 청소년 음주 · 흡연행위에서 부모의 영향력은 청소년 초기뿐만 아니라 중기와 후기에서도 지극히 미미했지만 비행친구의 영향력은 청소년기 전체에 걸쳐 상당히 강하게 나타났다. 특히 부모애착과 부모감독요인은 청소년 음주 · 흡연행위를 잘 설명하지 못했지만, 비행친구요인이 청소년 음주 · 흡연행위에 미치는 효과는 청소년기 전체에 걸쳐 나타났으며, 초기보다는 중기와 후기로 넘어오면서 더 강하게 나타났다. 이 결과는 이전에 부산지역 고등학교 약물남용 자료를 사용한 연구와 비슷한 결과를 초래했다. 즉 이전 연구에서 청소년의 약물남용에 영향을 미치는 부모와 친구의 영향력에서 부모의 영향력은 친구의 영향력보다 약했으며, 오히려 친구집단을 중재(매개)하여 종속변수에 영향력을 미친 결과와 유사한 결과를 나타냈다. 청소년 음주 및 흡연행위를 포함한 **지위비행**의 원인을 부모와 친구집단의 상대적인 영향력을 분석한 또 다른 황성현의 연구에서도 청소년 초기에는 부모와 가족요인이 비행친구요인보다 청소년 **지위비행**을 더 잘 설명했으며 청소년 중기와 후기에는 친구요인이 **종속변수**를 더 잘 설명했다(황성현, 2012a).

③ 청소년 지위비행에 대한 비행이론 비교연구

이 연구는 중등패널 6년 치 자료를 사용한 **종단연구**로 청소년

지위비행(음주 및 흡연행위, 무단결석, 가출)의 원인을 분석하기 위해 사회학습이론, **사회유대이론**, 범죄일반이론을 비교 · 분석하였다(황성현, 2010b). 분석결과, 사회학습 변인들의 설명력이 범죄일반이론이나 **사회유대이론**보다 훨씬 뛰어났다. 통합회귀방정식에서도 사회학습 변인들이 통합 회귀방정식에서 제외됐을 때, 결정계수 값이 상당히 떨어지는 것을 발견함으로써 사회학습 변인들이 청소년 **지위비행**을 가장 잘 설명하는 것으로 드러났다. 반면 범죄일반이론의 설명력은 높은 편이 아니지만, 충동성과 육체적 활동 선호 변인들은 통계적으로 유의미하게 청소년 **지위비행**을 잘 설명했다. 그러나 사회유대 변인들은 청소년 **지위비행**을 거의 설명하지 못하는 것으로 나타났다.

(마) 아동·청소년패널 자료

① 청소년비행의 원인에 대한 세 가지 이론의 비교연구

황성현과 이강훈은 아동 · 청소년패널 중 중학교 1학년과 2학년 자료를 사용하여 사회학습이론, **사회유대이론**, **일반긴장이론**의 상대적인 영향력을 비교 · 분석하였다(황성현 · 이강훈, 2013). 분석결과, **사회유대이론**의 변인들은 청소년비행을 거의 설명하지 못했으며 **일반긴장이론**의 일부 변인들과 사회학습이론의 모든 변인들은 청소년비행을 잘 설명하는 것으로 나타났다. 사회유대 변인과 **일반긴장이론**의 변인들은 청소년비행의 변량을 각 각 2.4%, 7.7%만을 설명했지만 사회학습 변인은 청소년비행의 11.3% 변량을 설명함으로써 설명력이 가장 뛰어난 것으로 드러났다. 특히 사회학습이론의 변인 중에서 친한 친구와의 차별적 접촉 변인은 분석에 사용된 모든 회귀방정식에서 99.9%의 신뢰수준에서 청소년비행을 통계적으로 가장 잘 설명하였다.

② 청소년 지위비행에 대한 비행이론 비교연구

박정선과 황성현은 중1과 중2 자료를 사용하여 청소년 **지위비행**에 대한 경쟁적인 비행이론을 비교 · 분석하였다(박정선 · 황성현, 2013). 분석결과, **사회유대이론**과 **일반긴장이론**의 변인들은 청소년 **지위비행** 변량의 2.9%와 3.5%만을 설명했지만 차별접촉 변인들은 **지위비행** 변량을 16.3%를 설명함으로써 가장 설명력이 뛰어난 것으로 나타났다. 특히 통합회귀분석 모델에서 차별접촉 변인들이 통합모델에서 제외될 때 회귀방정식의 결정계수가 현격하게 떨어지는 것을 발견함으로써 차별접촉 변인들이 청소년 **지위비행**을 가장 잘 설명한다는 사실을 밝혀냈다.

③ 청소년비행에 대한 사회학습이론과 일반긴장이론의 비교연구

이완희와 황성현은 아동 · 청소년패널 중 중1학년 3년차 자료를 사용하여 부정적 자극변인이 차별적 접촉 변인을 통해 청소년비행을 설명하는지, 아니면 긴장요인을 통해 청소년의 일반비행과 사이버비행을 설명하는지를 분석하였다(이완희 · 황성현, 2014). 구조방정식 분석결과, 부정적 자극을 경험한 청소년들은

그렇지 않은 청소년보다 우울감, 불안감, 공격성이 더 많이 증강하였지만, 이런 긴장요인이 청소년비행(사이버와 일반비행)과 직결되지는 않았다. 오히려 이런 긴장요인은 비행친구들과 자주 어울림으로써 **종속변수**에 더 많은 영향을 미쳤다.

④ 청소년비행이론의 상대적인 영향력 연구

황성현은 이전의 연구와 달리 청소년비행의 원인을 네 가지 이론으로 비교 · 분석하였다. 이 이 연구는 **사회유대이론**, 사회학습이론, **일반긴장이론**, **자기통제이론**을 사용하여 청소년비행의 원인을 통합적으로 밝히는 것이 그 주된 목적이었다 (황성현, 2015). 특히 위의 네 가지 이론 중에서 어떤 이론이 청소년비행을 가장 잘 설명하는지를 살펴보았으며, 네 가지 이론에서 추출된 많은 **독립변수**들 중에서 어떤 요인이 14가지 청소년비행의 원인을 통계적으로 가장 유의미하게 잘 설명하는지를 파악하였다. 연구결과, 사회학습이론의 설명력이 가장 높았으며, 그다음으로 사회유대변인들 〉 **일반긴장이론** 〉 **자기통제이론** 순으로 나타났다. 특히 사회학습이론에서 추출된 친구와의 차별적 접촉과 정의변인은 다른 이론의 변인들에 비해 가장 적은 수가 회귀방정식에 투입되었음에도 불구하고 가장 많은 청소년비행 변량을 설명하였다. 구체적으로 7개의 사회유대변인은 청소년비행 변량의 9.8%를, 7개의 일반긴장변인은 6.7%를, 6개의 자기통제변인은 3.8%의 청소년비행을 설명한 반면 단지 2개만 투입된 사회학습이론은 청소년비행의 38%를 설명하는 것으로 나타났다.

⑤ 사회학습이론과 일반긴장이론의 종단연구

이완희와 황성현은 중1패널 2차년도부터 5차년도까지의 종단자료를 사용하여 학습이론과 **일반긴장이론**이 어느 정도 청소년비행을 잘 설명하는지를 살펴보았다(이완희 · 황성현, 2016). 잠재성장모형을 활용한 연구결과, 사회학습이론에서 추출된 비행친구, **경비행**친구, **중비행**친구 모형의 모형적합도는 우수한 것으로 드러났으며, 비행에 영향력을 미친 초기값과 변화율에서도 통계적으로 유의미한 영향력을 미치고 있었다. 반면 **일반긴장이론**에서 추출된 우울감, 공격성, 부모학대 모형의 모형적합도는 우수하나, 대체적으로 비행에 유의미한 영향력을 미치지 못하는 것으로 드러났다. 즉, 전반적으로 **경비행**을 저지른 친구든, **중비행**을 저지른 친구든 비행친구와의 차별적 접촉을 많이 시도한 청소년은 중학교 2학년 때 그렇지 않은 청소년에 비해 비행을 더 많이 저지를 뿐만 아니라 학년이 증가함에 따라 비행의 증가속도도 완만하게 진행되었다. 특히 **중비행**친구를 많이 둔 청소년은 학년이 증가함에 따라 비행률의 증가속도가 급속하게 빨라진다는 사실을 확인할 수 있었다. 반면 **일반긴장이론**에서 우울감과 부모학대의 초기값은 비행의 초기값과 변화율에 통계적으로 유의미한 영향력을 미쳤지만 변화율에는 그렇지 못하였다. 즉, 초기에 우울감과 부모학대를 많이 경험한 청소년은 중학교 2학년 때 비행을 더 많이 저지르지만, 시간이 지남에 따라 이 두 변인은 비행에 영향력을 미치지 못하는 것으로 드러났다.

⑥ 청소년 음주행위에 대한 비행이론 비교연구

이승현과 황성현은 **사회유대이론**, **일반긴장이론**, 사회학습이론을 사용하여 고등3학년(6차년도)과 사회초년생(7차년도) 음주행위의 원인을 비교 분석하였다 (이승현 · 황성현, 2019). 분석결과, 음주친구와의 차별적 접촉 변수가 두 집단(고3집단과 사회초년생집단) 모두의 음주행위에 가장 강력한 영향력을 미쳤다. 구체적으로, 전체 **독립변수**들이 어느 정도 그들의 음주행위를 설명하는지를 알려 주는 결정계수의 변화율에서 사회학습이론이 포함된 회귀방정식의 결정계수는 전체 통합회귀방정식의 결정계수와 거의 차이가 나지 않았지만, 사회학습 변수들이 제외됐을 때 결정계수 값이 상당히 하락하는 것으로 나타남에 따라 전반적으로 사회학습 변수들의 설명력이 **사회유대이론**과 **일반긴장이론**의 변수들보다 설명력이 뛰어난 것으로 나타났다. 사회유대 변수들은 고등3학년과 사회초년생의 음주행위를 일정 수준 설명하는 것으로 나타났으며, 일반긴장 변수들은 세 가지 비행이론 중에서 그들의 음주행위를 잘 설명하지 못하는 것으로 드러났다. 이 연구는 특별히 가장 급격한 정신적, 정서적, 감정적 변화를 겪는 고등학교 3학년과 사회초년생 시기를 특정하여 그들의 음주행위에 영향을 미치는 요인이 무엇인지를 세 가지 비행이론을 통해 검증했다는 점에서 상당한 의의가 있었다.

(바) 그 밖의 연구

① 청소년 사이버 성범죄에 대한 사회학습이론적 분석

이완희와 황성현은 사회학습이론에서 추출된 차별적 접촉과 차별적 강화변수가 정의변수를 매개하여 청소년 사이버 성범죄에 미치는 영향을 분석하였다(이완희 · 황성현, 2018). 분석에 사용된 자료로 한국청소년정책연구원에서 '스마트시대 대중매체를 통한 청소년의 성 상품화 대응방안'에 대한 설문조사 결과를 이차자료로 사용하였다. 구조방정식 분석결과, 차별적 접촉과 차별적 강화 요인이 직접적으로 성범죄에 미치는 영향과 정의변수를 통한 간접적인 효과 양쪽 모두에서 통계적으로 유의미한 결과를 초래했다. 따라서 아이돌 스타의 성상품화 영상물을 친구들과 공유하거나 친구들로 받아 본 적이 있는 청소년은 직접적으로 불법촬영과 불법공유 범죄를 더 많이 저지를 뿐만 아니라 간접적으로 성에 대한 법 위반정의와 긍정적 정의를 더 많이 가지며 부정적 정의는 더 적게 가지게 되어 청소년 성범죄를 저지를 가능성이 더 높은 것으로 나타났다. 또한 성상품화 영상물을 보면 성적으로 자극받거나, 아이돌 스타의 성상품화 영상물에 대한 부모님의 반응과 친구들의 반응이 나쁘지 않은 청소년은 직접적으로 청소년 사이버 성범죄를 저지를 가능성이 높을 뿐만 아니라 간접적으로 성에 대한 부정적 정의는 더 적으며 법 위반 정의와 긍정적 정의를 더 많이 가지게 되어 결국 청소년 성범죄를 더 많이 저지르는 것으로 나타났다.

② 청소년 가출에 대한 연구

전신현 · 김원경 · 황성현은 한국청소년정책연구원에서 2009년 전국의 초등학생 2,788명, 중학생 3,504명, 고등학생 3,458명 총 9,750명을 표본추출한 자료를 사용하여 청소년 가출의 원인에 대해 연구하였다(전신현 · 김원경 · 황성현, 2010). 연구결과 청소년 초기와 중기까지는 가족 및 · 부모요인이 비행친구변인보다 청소년가출의 원인을 더 잘 설명했으며 후기 청소년기에는 비행친구와의 접촉변인이 가출을 더 잘 설명하는 것으로 드러났다. 이 연구결과는 어떤 일정한 청소년기 시점에서 청소년 가출의 원인을 파악한 이전 선행연구와는 달리 전체 청소년기를 초기, 중기, 후기로 나누어 각 시기별로 청소년가출의 원인이 다르게 나타날 수 있다는 **가설** 하에 연구를 진행하였다. 이 연구결과를 바탕으로 우리 사회에서 청소년 가출을 줄일 수 있는 정책적 대안도 청소년 시기별로 다르게 적용되어야 한다는 점을 시사하였다.

(b) 사회학습이론에 대한 그 외의 연구

이완희와 유완석은 **사회유대이론**, **일반긴장이론**, 사회학습이론에서 제안된 변인들을 사용하여 청소년 **지위비행**의 원인을 연구하였다(이완희 · 유완석, 2014). 한국청소년정책연구원에서 조사한 아동 · 청소년패널 3차년도 중3학년 2,337명의 표본자료를 사용하여 분석한 결과, 사회학습이론의 두 가지 변인의 설명력이 가장 높았으며, 그다음으로 **사회유대이론**이고 **일반긴장이론**의 변인들은 청소년 **지위비**

행을 거의 설명하지 못하는 것으로 드러났다. 특히 회귀방정식에서 투입된 사회학습이론의 변인들은 **일반긴장이론**과 **사회유대이론**에서 추출된 **독립변인**의 수보다 3.5배-5.5배 부족함에도 불구하고 설명력은 가장 뛰어난 것으로 드러났다. 이 결과는 이완희가 2014년에 수행한 연구결과와 비슷하다. 아동청소년패널자료를 사용하여, 청소년 **중비행** 전반을 분석한 연구결과, **사회유대이론**의 변인들은 청소년 **중비행**을 거의 설명하지 못했으며 **일반긴장이론**의 일부 변인들과 사회학습이론의 모든 변인들은 청소년 **중비행**을 잘 설명하는 것으로 나타났다 (이완희, 2014). 사회유대 변인은 청소년 **중비행**의 변량을 1.7%밖에 설명하지 못했지만, 일반긴장변인과 사회학습 변인은 각각 7.6%와 5.8% 의 청소년 **중비행** 변량을 설명하였다.

고순청 외는 청소년 약물사용에 대한 잠재성장모형 분석결과, 약물친구와의 차별적 접촉 초기치는 약물사용 초기치와 변화율에 통계적으로 유의미한 영향을 미치는 것으로 나타났다 (고순청 · 이승현 · 이창한, 2019). 약물사용 변화율의 평균값이 양(+)의 값을 가짐에 따라 학년이 증가함에 따라 약물사용 비율이 매년 증가했으며, 변화율의 변량이 통계적으로 유의미한 것으로 나타남에 따라 그 변화에 있어서 개인차가 있는 것으로 나타났다. 즉, 청소년 약물사용 초기에 약물사용 친구와의 차별적 접촉은 학년이 증가함에 따라 청소년 자신의 약물사용에 가장 큰 영향력을 미치며, 각 개인별 차이점에서도 약물사용친구들과 자주 어울리는 청소년들은 초기에 그렇지 않은 친구들보다는 더 많은 약물을 사용하였으며 그 증가속도도 빠른 것으로 나타났다. 그들의 또 다른 연구에서 청소년 성비행의 원인을 사회학습이론으로 회귀분석한 결과, 차별접촉 변인은 청소년 동영상공유, 음란채팅, 랜덤채팅 등의 성비행을 통계적으로 유의미하게 잘 설명하는 것으로 드러났다(고순청 · 이창한 · 이승현, 2018).

사회학습이론에 대한 경험적 검증에서 한국청소년패널과 한국아동 · 청소년패널을 2차 자료로 사용한 연구는 황성현과 그의 동료들에 의해 많은 연구가 이루어졌다. 이 두 가지 패널자료 외 다른 **모집단**을 대상으로 수집한 데이터를 사용한 경험적 연구 또한 많이 진행되어 왔다. 그 내용을 요약하면 다음과 같다.

이성식은 가부장적 가정의 청소년비행에 미치는 영향에 있어서 성별 차이를 분석하기 위해 서울시 남녀중학생 715명 대상으로 조사하였다(이성식, 2011). 조사결과, 가부장적 가정의 비행에의 영향이 여자청소년에서보다 남자청소년에서 더 강하며, 남자청소년의 경우 가부장적 가정은 부모와의 갈등을 일으키고 비행친구와의 접촉에 영향을 줌으로써 비행을 유발하는 것으로 나타났다. 이고은과 정세훈은 서울시 소재 중 · 고등학생 514명을 대상으로 청소년 사이버폭력 행위에 영향을 미치는 요인을 분석하였다(이고은 · 정세훈, 2014). 연구결과, 사회학습 요인인 사이버폭력 피해경험과 비행친구와의 접촉이 사이버 언어폭력 의도를 예측할 수 있는 가장 중요한 요인으로 나타났다. 조은미와 그의 동료들은 서울소년분류심사원에 위탁 · 수용된 247명의 남자 청소년을 대상으로 청소년범죄의 원인을 분석하였다(조은미 외, 2016). 연구결과, 사회학습이론에서 중요한 네 가지 개념 중에서 처벌을 제외하고는 모두 청소년 비행 전체에 영향을 미치는 것으로 나타났다. 구체적으로 차별적 접촉은 **지위비행**, 약물비행,

성비행에 영향을 미치고, 정의, 처벌, 모방은 재산비행에, 보상과 모방은 폭력비행에 영향을 미치는 것으로 나타났다.

유순화와 정규석은 부산에 거주하는 인문계 고등학생 347명과 전국쉼터거주 청소년 140명을 대상으로 청소년 음주 및 흡연행위의 원인을 비교 · 분석한 결과, 사회학습변인들이 결합하여 학교청소년의 음주 및 흡연행위의 46%를 쉼터청소년의 경우 56%를 설명했다(유순화 · 정규석, 2003). 사회학습변인 중에서는 친구와의 차별적 접촉이 가장 중요한 예측변인으로 드러났다. 이 결과는 황성현이 1999년 부산의 인문계 및 실업계 고등학생을 대상으로 약물남용의 원인을 연구한 결과와 유사하다(유순화 · 정규석, 2003). 신송연과 장현석은 서울시 학생 695명을 대상으로 청소년 학대와 비행실태를 조사한 결과, 사회학습변수인 비행친구가 비행에 가장 큰 영향을 주는 것으로 나타났다(신송연 · 장현석, 2013).

한국에서 사회학습이론에 대한 경험적 검증을 요약하면, 전반적으로 사회학습이론이 단독으로 또는 다른 경쟁적인 범죄이론과의 비교연구에서 대체적으로 청소년 비행 및 범죄행위를 잘 설명하였다. 사회학습변수 중에서 비행친구와의 차별적 접촉변수의 설명력이 어떤 다른 요인보다 가장 높았으며, 정의변수의 설명력 또한 통계적으로 유의미하게 청소년 비행을 잘 설명하는 것으로 나타났다. 사회학습이론 검증은 주로 황성현과 그의 동료들이 청소년정책연구원에서 수집한 두 가지 패널자료를 이차자료로 사용하여 분석한 것이 거의 대부분을 차지한다. 두 가지 패널 자료는 10여 년간의 청소년 표본을 추적조사한 방법론적으로 흠이 없는 좋은 자료지만 사회학습이론을 검증하기 위해 설계된 자료는 아니다. 패널자료에서 추출할 수 있는 사회학습변인은 친구와의 차별적 접촉과 정의 변인 정도이며 **사회유대이론, 일반긴장이론, 자기통제이론**에 바탕을 둔 설문문항은 상당히 많았다. 그럼에도 불구하고 황성현과 그의 동료들의 연구결과에 따르면 사회학습변수들이 경쟁적인 범죄이론과의 비교연구에서 **종속변인**을 가장 잘 설명하는 것으로 나타났다. 그 외 다른 연구자들이 자체적으로 구축한 일차자료를 이용하여 사회학습이론을 단독으로 또는 다른 이론의 비교연구에서도 대체적으로 학습변인들의 설명력은 뛰어난 것으로 나타났다.

사회학습이론을 검증하기 위해 지금까지 주로 사용된 자료는 정책연구원의 패널자료이다. 이 자료에는 차별적 강화와 모방변수는 설문문항으로 구성되어 있지 않기 때문에 검증할 수 없는 한계점을 가지고 있었다. 그러나 네 가지 사회학습변수들이 모두 포함된 데이터에서도 사회학습변수들의 설명력은 통계적으로 유의미했다. 예를 들면, 부산지역의 청소년 약물남용을 조사한 황성현의 연구(Hwang & Akers, 2003; 2006; 황성현, 2007; 2008)와 유순화의 연구(유순화 · 정규석, 2003), 서울소년분류심사원에 위탁된 남자 청소년의 청소년범죄에 대한 조은미 외(조은미 외, 2016)의 연구에서는 네 가지 사회학습변수들 모두 분석도구로 사용되었다. 연구결과, 친구와의 차별 접촉변인과 정의변인뿐만 아니라 지금까지 잘 분석도구로 사용되지 않았던 차별적 강화와 모방 변인 또한 청소년 약물남용뿐만 아니라 청소년 비행 및 범죄를 전반적으로 잘 설명하였다. 예를 들면, 조은미의 연구에서 사회학습 변인 모두 청소년 비행 전체에 영향을 미치는 것으로 나타났다. 차별적 접촉은 **지위비행**, 약물비행, 성비행에 영향을 미치고, 정의, 처벌(차별적 강화), 모방은 재산비행에, 보상과 모방은 폭력비행에 영향을 미치는 것으로 나타났다.

(6) 이론의 한계점

사회학습이론이 미국과 다른 문화권에서 수많은 경험적 검증을 통해 비행 및 범죄행위의 원인을 잘 설명하는 것으로 밝혀짐에도 불구하고 사회학습이론을 비판하는 학자들이 이 이론의 한계점을 지적했다.

첫째, 차별적 강화 개념이 **동의어반복**(tautology)의 오류를 범하고 있다는 비판을 받아왔다. 즉, 어떤 행동이 강화되었을 때 발생한다고 말함으로써 강화를 유지한다는 것이다. **인과관계**의 3대원칙 중 원인은 결과에 시간적으로 우선해야 한다는 방법론적 모순을 범했다는 것이다. 강화(원인)는 강화(결과)를 초래했기 때문에 원인과 결과가 동일한 변수라는 비판을 받은 것이다. 그러나 버제스와 에이커스는 이런 태생적 문제를 확인하고 이에 대한 하나의 해결책을 제시했다(Burgess & Akers, 1966). 그들은 강화와 그 밖의 행위개념의 정의를 사회학습이론에서 **동의어반복**적이지 않고 경험적으로 검증가능한 명제로 구분하기 위한 기준을 제시했다. 특히 강화과정의 변수는 항상 사회학습이론 연구의 범죄와 일탈척도와 별개로 측정되도록 만들었다. 에이커스의 주장에 따르면, 어떤 행위의 결과가 자신에게 긍정적일 때 다음에 그 행위를 반복할 수도 있지만 그렇지 않고 멈출 수도 있다는 것이다. 이는 첫 번째 행위결과를 자신이 어떻게 평가하는가에 달려있다는 것이다.

> "행위에 대한 실제적인 사회적 제제와 그 밖의 결과는 다르게 인식될 수 있다. 그러나 일탈행동이 다른 대안행위보다 보상을 많이 받을 때 일탈행동은 유사한 상황에서 반복적으로 행해질 것이다. 일탈행동으로의 강화, 일탈모형에의 노출, 일탈적 정의가 부정적인 공식적/비공식적 제재와 정의에 의해 상쇄되지 않는 한 일탈행동은 계속 유지되고 더 빈번하게 저질러질 것이다(Akers, 1985)."

따라서 에이커스는 만일 기회가 주어진다면 일탈행동을 할 것인가의 여부는 개인의 학습경력과 그 상황의 강화요인에 의해 결정된다고 주장한다(Akers et al., 2016).

둘째, 사회학습이론 비판가들은 자기보고 비행과 친구와의 차별적 접촉 변수간의 강한 연관성을 지적한다. 친구와의 차별적 접촉을 측정하기 위하여 "당신의 친한 친구 중 다음과 같은 일탈행위를 하는 친구는 얼마나 됩니까"로 측정됨으로써 친한 친구의 비행에 대해 응답자 자신의 응답을 측정함으로써 일탈행위가 두 번 측정된다고 비판했다. 즉, 동일한 측정을 자기 자신과 친구를 통해 두 번 측정하는 셈이 된다는 것이다. 그러나 경험적 연구결과 이 둘은 같지 않고, 친구의 행동에 대한 응답자의 보고가 단순히 자신의 비행행위에 대한 반작용이 아니라는 것을 알 수 있다(Akers, 1998). 예를 들면, 응답자가 비록 일탈행위를 자주 저지르는 친구들이 많다 하더라도, 응답자 자신은 일탈과 비행행위를 하지 않는다고 보고함으로써 응답자의 일탈행위와 친한 친구들의 일탈행위를 구분하여 보고한다는 것이다.

마지막으로 가장 빈번하게 대두되는 한계점으로 사회학습이론의 비판론자들은 비행행위와 비행친구와의 차별적 접촉에 대한 우선순위가 바뀌었다고 주장한다. 특히 허쉬를 포함한 사회통제론자들은 비행친구와 접촉을 한 후에 그들에게 비행에 대한 정의, 태도, 관념 등을 학습하여 비행행위를 저지르는 것이 아니라 부모와의 낮은 유대감(사회유대이론), 어린 시절 가정에서 형성된 낮은 자기통제감(자기통제이론), 일상생활에서의 긴장(일반긴장이론) 등으로 인해 비행을 먼저 저지르고 그 후에 그와 비슷한 부류의 비행친구들과 사귀게 된다는 것이다. 즉, 비행친구가 원인변수가 아니라 다른 이유 때문에 비행을 저지른 후 비행친구를 사귀게 되므로 비행친구가 결과변수가 된다는 것이다. 이와 유사하게 시겔은 어떤 범죄행위는 친구와의 차별적 접촉 없이 즉각적으로 발생할 수 있다고 주장한다(Siegel, 2018). 절도행위는 친구와의 차별접촉 원리로 쉽게 설명할 수 있지만 무차별적이고 즉각적으로 발생하는 폭력, 손상 등과 같은 범죄를 설명할 수 있는가에 대해 의문을 제시한다. 요약하면, 에이커스가 주장한대로 비행친구가 우선하여 비행을 저지르게 되는지 아니면 경쟁이론가들이 주장하는 비행이 우선한 후 비행친구를 사귀게 되는지에 대해 원인변수와 결과변수의 시간성에 의문을 제기했다. 이 비판에 대한 한 가지 대답으로 황성현은 비행선행론과 비행친구선행론 중 어느

[그림 4-7] 비행친구를 독립변인으로 설정한 비행친구선행론

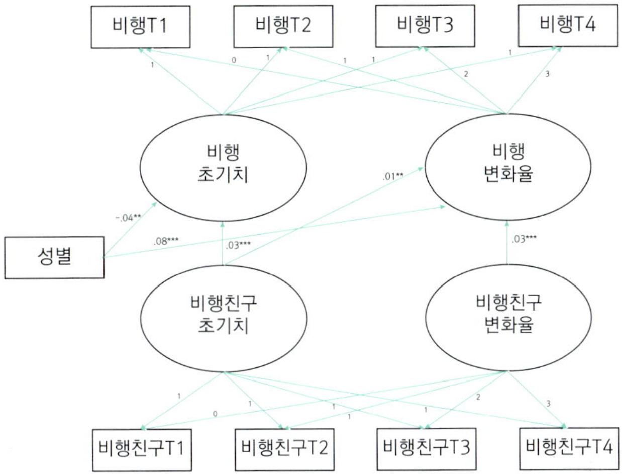

[그림 4-8] 비행을 독립변인으로 설정한 비행선행론

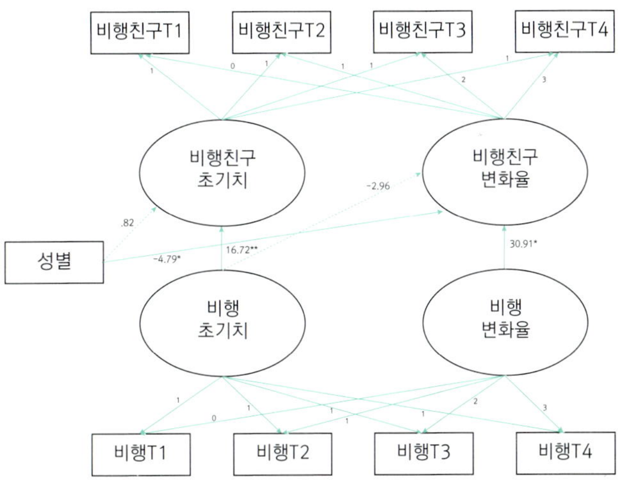

것이 합당한 지를 경험적으로 연구한 결과를 발표했다(황성현, 2016).

황성현은 한국아동 · 청소년패널조사의 중학교2부터 고등학교2까지 4년간의 종단자료를 사용하여 학습이론에 주장하는 비행친구선행론([그림 4-7] 참조)과 비판가들이 주장하는 비행선행론([그림 4-8] 참조)를 비교 · 분석하였다.

잠재성장모형 분석결과, [그림 4-7]에서처럼, 비행친구는 비행친구 초기치와 변화율에 통계적으로 유의미한 영향력을 미쳤으며, 비행친구변화율 또한 비행변화율에 유의미한 영향력을 미쳤다. 즉, 비행친구와의 차별적 접촉을 많이 시도한 청소년은 비행초기부터 그렇지 않은 청소년보다 더 많은 비행을 저질렀다. 또한 학년이 증가함에 따라 비행친구와의 차별적 접촉을 더 많이 시도한 청소년은 비행초기에서부터 그렇지 않은 청소년에 비행 더 많은 비행을 저지르며 이런 현상은 고등학교 2학년까지 지속되는 것으로 드러났다. 그러나 비행선행론을 주장하는 [그림 4-8]에서 비행초기치는 비행친구초기치에 영향력을 미쳤지만 비행친구변화율에는 통계적으로 유의미한 영향력을 미치지 못했다. 또한 이 연구에서 비행친구가 비행에 미치는 비행친구선행론이 비행이 비행친구에 영향을 미치는 모형인 비행선행론보다 모형적합도 지수도 더 뛰어난 것으로 나타났다. 따라서 이 연구결과 청소년들이 비행을 처음 시작하는 초기단계에서부터 학년이 증가함에 따라 지속적으로 비행친구와의 차별적 접촉을 함으로써 비행을 더 증폭시킨다는 사실을 파악할 수 있었다.

물론 이 연구결과 하나로 비행이 비행친구보다 더 선행하여 발생한다는 비판가들의 주장을 한 번에 반박할 수는 없다. 예를 들면, 청소년비행 중 **경비행**의 경우에는 비행친구선행론이, **중비행**의 경우에는 비행선행론이 더 우수하다는 연구결과도 있다(박현수 · 김준호, 2008). 그러므로 비행친구선행론과 비행선행론에 대한 논쟁에서 좀 더 다양한 경험적 연구결과가 필요하다.

요약하면, 사회학습이론의 한계점을 지적한 다양한 비판에도 불구하고 학습이론은 미국과 한국에서 비행 및 범죄행위의 원인을 설명하는데 상당히 우수하다는 평가를 받고 있는 것은 부인할 수 없는 사실이다.

제5장

이론적 통합

01 이론적 통합

범죄와 일탈이론의 이론적 통합은 현대 범죄학연구에서 상당히 중요한 과제 중 하나이다. 범죄의 원인 및 동기와 범죄의 상이한 분포를 설명하기 위해 수많은 범죄이론이 개발되었다.

범죄이론은 크게 개인의 생활환경을 강조하는 개인 환경(미시)이론과 사회적 환경을 강조하는 사회 환경(거시)이론으로 나눌 수 있다(황성현, 2012a). 개인환경적 이론은 개인의 생물학적 구성과 심리적 속성, 가족과 친구집단이 어떻게 그들의 범죄성향을 증가시키는지를 강조한다. 개인 환경론에서 가장 관심을 갖는 분석단위는 개인이며, 개인의 생물학적 관점, 정신분석학적 관점, 사회학적 관점을 중심으로 범죄연구가 진행되어 왔다. 대표적인 개인 환경론에는 생물학적 이론, 심리학적 이론, 차별접촉이론, 사회학습이론, **사회유대이론, 억제이론, 낙인이론** 등이 있다. 사회 환경론의 관심사항은 개인이 아니라 그 개인을 둘러싼 거시적인 사회구조나 환경이며, 분석단위로는 국가, 지역, 시, 이웃 등이 포함된다. 사회 환경론은 다시 사회구조와 제도가 개인에게 긍정적 역할을 한다는 **구조기능주의**에 입각한 이론과, 사회는 사회구성원들의 상호동의나 합의에 의해 이루어지는 것이 아니라 서로 갈등하고 대립한다는 **갈등주의**적 관점에 입각한 범죄이론으로 나뉜다. **구조기능주의**에 입각한 범죄이론은 **사회해체론**, **아노미이론** 등이 있으며, **갈등주의**에 입각한 범죄이론가들은 법과 형사사법의 모순점, 범죄행위에 대한 기존 **구조기능주의**자들의 관점을 반박하는 사회갈등이론, 비판범죄학 등으로 발전했다(황성현, 2012a). 범죄와 일탈에 대한 거시이론가들의 주장에 따르면, 범죄율이 높은 지역은 경제적 불평등, 실업, **아노미**, 인구 이동성, 이질성, 취약한 제도적 성취의 결과라고 주장한다.

지금까지 범죄학자들은 범죄와 일탈의 각 차원을 자신들만의 관점과 세계관으로 연구해 왔지만, 통합된 틀 안에서 연구하지는 않았다. 각 차원에 대한 범죄이론은 존재하지만, 그것들을 하나로 합친 통합이론을 개발하지는 못했다. 물론 하나의 이론이 이 모든 복잡성을 아우르기를 기대한다는 것은 상당히 비현실적일 수 있다. 그럼에도 불구하고 통합이론의 개발에 대한 범죄학자들의 상당한 관심이 있었다. 왜 범죄학자들은 통합이론적 진술을 개발하려고 하는가?

엘리엇(Elliott)의 주장에 따르면, 첫째, 중요한 통합적 노력에 대한 일반적인 호소에도 불구하고 범죄와 일탈을 다루는 고전이론들은 개념이 모호하지 않았으며 복잡한 **가설**에 기반을 둔 것이 아니라 단순한 가정에서 출발했다는 것이다. 따라서 범죄이론에 대한 다양한 경험적 연구결과들은 통합적 이론으로 조정될 수 있다고 주장한다(Elliott, 1985). 둘째, 엘리엇은 각기 다양한 이론적 접근방식으로 검증한 연구결과들은 거의 확정적이지 않다고 주장한다(Elliott, 1985). 즉, 동일한 데이터를 사용하여 각 기 다른 범죄이론으로 검증한 결과는 상이한 결론을 추론함에 따라 범죄의 원인은 다양하게 해석되었다. 이는 중요개념의 적절한 측정개발에서의 어려움 같은 방법론적 문제들 때문이기도 하다. 마지막으로 고전이론들의 성과가 저조한 이유는 고전이론들이 전형적으로 하나의 설명변수만을 강조하기 때문이다. 그러므로 범죄와 일탈의 원인이 본질적으로 다양하므로 관련된 이론적 변수의 전체 범위를 포착하기 위해 서로 다른 이론을 결합할 필요가 있다고 주장한다(Elliott, 1985).

이론을 결합하는 것은 더 다양한 범죄행위를 설명하는 데 도움이 된다. 특정 범죄행위의 발달에 영향을 미치는 변수가 다양하므로 경쟁적인 이론들에서 가장 강력한 변수를 사용하면 일탈 및 범죄행동에 대한 더 강력한 설명을 제공할 수 있다. 예를 들면, 사회학습이론의 친구와의 차별적 접촉 변인, **사회유대이론**의 부모와의 애착 변인 등을 함께 분석도구로 사용한다면 특정 범죄행위의 원인을 좀 더 풍부하게 설명할 수 있다. 그럼 범죄의 원인에 대한 통합이론의 구축은 가능한가? 어떤 기준으로 이론을 판단하느냐에 따라 답은 달라진다. 이론구성의 구조적 또는 경험적 타당성을 중요하게 생각하지 않는다면 그 대답은 "가능하다"라고 볼 수 있다. 그러나 범죄학자들이 개념적으로 그리고 구조적으로 엄격한 이론을 발전시키기 위해 노력해야 한다는 입장을 취한다면 일반이론을 구축하는 일은 상당히 어려운 작업이 될 것이다. 이 장에서는 우선 이론적 통합에 대한 몇 가지 전략과 방향을 설명하고, 사회학습이론을 중심으로 한 이론통합의 예를 설명하고자 한다. 마지막으로 거시이론과 미시이론의 통합적 모델로서 이미 전장에서 설명한 에이커스의 사회구조와 사회학습이론을 좀 더 설명하고자 한다.

02 엘리엇의 이론통합

범죄학에서 이론통합에 대한 담론은 엘리엇과 그의 동료들의 연구에서 시작되었다. 엘리엇과 그의 동료들은 범죄이론 통합에서 가장 잘 알려진 통합이론 모델을 개발했다(Elliott et al., 1985). 그들의 주된 목적은 약물남용을 설명하는 단일이론으로 **긴장이론**, 사회통제이론, 사회학습이론을 결합하는 것이었다. 이 세 가지이론을 통합이론의 도구로 사용한 이유는 동료범죄학자들 사이에서 사회통제이론, **긴장이론**, 사회학습이론이 범죄와 일탈에 대한 주요 이론으로 간주되기 때문이다. 그들은 순차적(end-to-end) 통합체계로 가장 잘 설명되는 것을 사용하여 **긴장이론**과 사회통제이론의 개념을 결합하는 작업을 수행했다. 사회통제이론과 **긴장이론**의 통합측면에서 사회통제이론에 주장하는 것처럼 청소년들이 가정과 학교에서 **사회화**에 실패하면 사회통제력이 약해진다. **긴장이론**에서 기대되는 또는 실제로 목표달성의 실패는 사회적 유대를 약화시키고, 그에 따라 사회통제는 약화된다. 긴장과 약화된 사회통제는 모두 비행을 초래한다. 다음으로 그들은 친한 친구가 비행에 대한 가장 큰 영향을 미친다고 주장했다(Elliott, 1985).

(Delbert S. Elliott : ?-현재)

엘리엇과 그의 동료들은 청소년들의 약한 유대가 비행청소년들과 어울리게 한다는 **가설**을 세웠다. 비행친구와의 강한 유대감은 비행을 저지르는 가장 강력한 연결고리로 설명했다. 즉, 사회통제가 약화된 청소년들은 비행친구들과 강한 사회적 애착과 유대감을 가지게 된다는 것이다. 비행친구들은 비행에 찬성하는 신념과 정의를 제공하고 차별적 강화를 통해 비행행위에 대한 사회적 지원을 제공한다. 따라서 비행친구와 청소년비행 간에는 가장 강력한 연결고리가 형성되는 것이다. 높은 긴장(**긴장이론**)과 약한 통제(사회통제이론)는 때때로 비행을 저지르는 일탈행동으로 이어질 수 있지만, 이런 비행이 지속되려면 친한 친구들의 사회적 지지가 필요하다고 주장했다(Elliott, 1985). 요약하면, [그림 5-1]과 같이 가정과 학교에서 실패한 **사회화**와 일상생활의 긴장은 전통적 유대감을 약화시키는 결과를 초래한다. 긴장과 약한 유대는 비행친구와의 강한 유대감을 형성하도록 유도하며, 비행친구와의 강한 유대는 비행행위에 대한 동기부여, 비행에 대한 호의적인 정의, 합리화, 친구들의 지지 등과 같은 학습과정을 통해 일탈행위로 이어진다.

[그림 5-1] 엘리엇의 범죄이론 통합모형

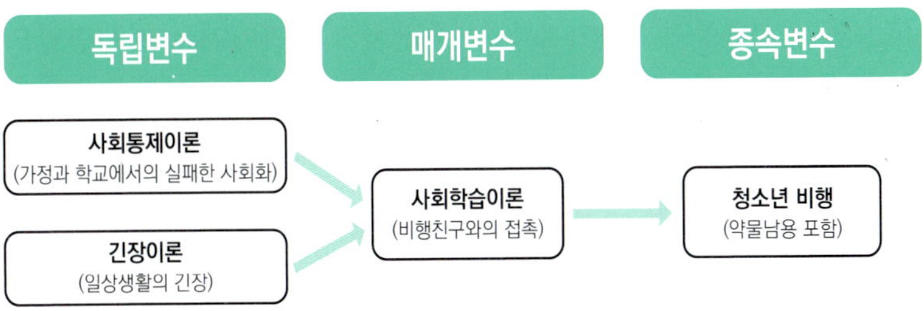

이 통합모델에서 엘리엇과 그의 동료들은 사회통제의 측면에서 이론을 논의했지만, 실제로는 사회학습이론의 명제를 채택하는 것으로 결론을 내린다(Elliott et al., 1985). 그들의 주장에 따르면, 모든 행동은 궁극적으로 학습되며 이런 학습은 또래환경에서 가장 빈번하게 발생한다. 비행과 일탈행위에서 비록 긴장과 사회통제이론의 변수들이 비행의 원인이 될 수 있지만 반드시 비행친구와의 유대를 매개해야 일탈행위로 발전할 수 있다. 예를 들면, 부모와의 유대가 약하고 학교생활에서 긴장이 고조된 청소년들 모두가 일탈행위를 저지르는 것은 아니다. 그들은 반드시 그 중간단계로 그와 비슷한 비행친구들과의 잦은 만남과 사귐을 통해 범죄에 대한 호의적인 정의, 태도, 친구들의 긍정적 태도와 반응 등을 학습한 결과 일탈행위를 저지르게 된다. 결론적으로 엘리엇의 통합이론 모형은 종단적 인과관계로 구

성되며, 사회통제이론에서 시작해서 **긴장이론**으로 일부 매개경로를 설명하고 사회학습이론으로 비행의 원인을 최종적으로 설명하는 형태를 취한다(신동준, 2015).

이 통합모형에 대해 허쉬는 통제이론의 용어만 사용했을 뿐 통제이론의 기본 가정을 무시했다고 신랄하게 비판했다(Hirschi, 1979). 허쉬는 엘리엇의 통합모델이 취하는 종단적 인과관계에서 **매개변인**으로 설정된 비행친구변인이 결국 비행의 원인이며 나머지 통제이론 변인들과 **긴장이론** 변인들은 선행요인일 뿐 청소년 비행에 직접적 요인이 될 수 없다고 주장하면서 엘리엇의 통합모델을 인정하지 않았다.

03 이론통합의 필요성과 방향

범죄학자들 사이에서 이론적 통합이 필요하다는 의견에는 대체적으로 동의하는 편이지만 각각의 이론이 뿌리를 두고 있는 가정이나 전제가 다르기 때문에 이론적 통합은 불필요하다고 주장하는 학자들도 있다. 대표적으로 허쉬는 범죄이론의 가정이 상반된다는 사실을 지적했다(Hirschi, 1989). 범죄이론들은 서로 양립할 수 없도록 설계되었다. 범죄이론들 간의 비호환성의 가장 좋은 예는 이론들의 상반된 **가설**들에서 볼 수 있다. 예를 들면, 허쉬는 여타 이론과는 상이한 질문을 던진다(Hirschi, 1969). "왜 사람들이 범죄를 저지르느냐가 아니라 왜 범죄를 저지르지 않느냐" 하는 것이다. 그의 질문은 인간본성에 대한 홉스주의적(Hobbesian) 가정에 근거를 두고 있다. 인간은 근본적으로 고립되고, 사리사욕적인 존재로 묘사해 다른 요소가 없다면 인간은 범죄와 일탈에 관여하게 된다는 것이다. 따라서 인간의 범죄성은 타고난 것이기 때문에 인간이 범죄를 저지르는 이유에 대해서는 긍정적인 설명이 필요하지 않지만 법규범에 순응하는 행위는 논리적 설명이 필요하다고 주장한다(Hirschi, 1969). 이런 철학적 배경에서 출발한 허쉬는 그의 이론에서 범죄행위의 긍정적인 원인보다는 부정적인 원인을 제시했다. 하지만 그의 인간성에 대한 가정은 존재론적인 문제다. 비록 사회는 존재론적 깊이를 가지고 있고, 그것이 우리가 보는 것을 설명할 수 있기 때문에 의미심장하지만, 인간본성에 대한 가정은 경험적으로 검증될 수 없다. 경험적으로 검증될 수 없는 추상적인 명제나 **가설**은 이론으로서의 가치를 상실한다.

반면에 에이커스는 **실증주의**(positivism)와 통제이론의 차이점에서 "왜 사람들이 그렇게 하는가"와 "왜 사람들이 그렇게 하지 않는가"를 묻는 것 사이의 차이점을 비판한다(Akers, 1991). 이런 차이점은 계량적 분석, 경험적 검증, 이론의 비교에 실질적인 결과를 가져오지 않는다고 비판했다. 허쉬는 범죄이론 간 양립불가능성을 주장함에도 불구하고 이론적 통합은 순차적(end-to-end), 수평적(side-by-side), 상하적(up-and-down) 통합이라는 세 가지 전략에 의해 달성될 수 있다고 주장했다(Hirschi, 1979).

위 세 가지 통합유형 중에서 가장 흔한 유형은 순차적(end-to-end) 통합일 것이다. 이 방법은 하나의 주장이 다른 하나의 주장으로 이어지도록 이론을 구성하는 것을 말한다. 예를 들면, 엘리엇과 그의 동료들이 1985년에 시도한 방법으로 사회통제이론의 변수를 **독립변인**으로 한쪽 끝에 두고 사회학습변인을 **매개변인**으로 중간에 그리고 다른 한쪽 끝에는 **종속변인**으로 비행을 두는 방법이다. 즉, 가족과의 유대가 약화되면 청소년들이 비행동료와 차별적 접촉을 많이 하게 되어 비행에 순응하는 정의를 배우게 된다. 비슷한 예로 이론들의 연결고리 어딘가에 **긴장이론**을 배치할 수 있다. 개인 수준의 긴장은 청소년들에게 영향을 미쳐 비슷한 위치에 있는 비행 및 범죄자들과 어울리도록 유도하여 비행을 저지르는 원인으로 간주하는 방법이다.

수평적(side-by-side) 이론통합은 어떤 식으로든 특정이론이 특정 유형의 활동이나 특정집단의 행동을 설명한다고 주장하는 방법을 말한다. 즉, 이론들을 나란히 하나의 모형에 위치시키고 각 이론이 설명할 수 있는 부분을 구분해서 배당하는 방법이다. 예를 들면, 사회학습이론은 약물남용을 설명하는 데 가장 적합한 이론인 반면, **긴장이론**은 폭력에 대한 더 나은 설명을 제공하는 이론으로 배치하는 방법이다. 설명을 위해 사례를 나누는 몇 가지 다른 방법이 있다. 수평적 접근방법에는 성별의 차이가 포함될 수 있다. 아마 사회통제이론은 여성비행을 가장 잘 설명하는 반면, 사회학습이론은 남성비행에 대한 보다 강력한 설명력을 제공할 것이다. 헤이건의 **권력통제이론**에서 여성은 가정과 사회에서 남성들보다 부모의 간섭을 더 많이 받기 때문에 가정에서의 부모애착이나 유대를 비행의 원인으로 주장하는 **사회유대이론**이 여성의 범죄를 더 잘 설명할 수 있다. 허쉬는 비록 이론통합의 양립불가능성을 주장했지만, 만약 이론통합이 필요하다면 수평적 통합이 가장 현실적으로 가능한 방법이라고 주장했다(Hirschi, 1979). 왜냐하면 수평적 통합이 각 이론의 양립불가능성을 피하면서 이론의 설명력을 높일 수 있고 동시에 각 이론의 설명력에 대한 상대적인 비교연구가 가능하다는 점에서 순차적 통합보다는 나은 이론적 통합방식이라고 주장했다(신동준, 2015).

(Allen E. Liska : 1940-1998)

마지막 통합전략인 상하적(up-and-down) 통합은 개념화하기 가장 어려운 방법이다. 이 방법은 추상화 수준을 높여서 각 이론을 하나의 일반이론 밑으로 포섭하는 방식으로 통합이론을 구성하는 방법이다(신동준, 2015). 여기에는 각기 다른 경쟁적 이론들이 그 이론만이 가지는 **가설**이나 명제를 추상적으로 만드는 작업을 포함한다. 각 이론이 가지고 있는 추상적인 개념을 통합하여 구체적인 명제로 만들어야 하는데 이런 작업이 쉽지 않다. 리스카(Liska)에 따르면, 이론을 개념적으로 통합하기 위해 이론가들이 사용하는 단어와 용어는 각기 다르지만 측정의 조작화와 이론적 의미는 유사할 수 있다고 주장한다(Liska et al., 1989). 따라서 대부분의 학자들은 개념적 통합을 명제적 통합의 수단으로 간주하는 경향이 있다고 주장했다(Liska et al., 1989).

04 명제적 통합

엘리엇과 그의 동료들은 통합모델에 대한 연구에서 상당한 실현 가능성을 발견했다(Elliott et al., 1985). 이 통합모델은 남성과 여성 사이에서 몇 가지 형태의 비행, 마리화나 남용, 강성약물 사용이 일반적으로 기존의 전통적인 비행이론보다 더 우수할 것으로 기대한다. 사회에 대한 약한 유대감을 가지는 반면 비행친구들과는 강한 유대감을 가지는 청소년들이 비행을 가장 많이 저지른다는 사실은 선행연구에서 일관되게 나타나는 현상이다. 비행친구들을 고려하지 않는다면 기존 사회와의 유대는 거의 영향을 미치지 않는다고 볼 수 있다. 따라서 상하적 통합의 가장 좋은 예는 에이커스의 사회학습일 것이다.

에이커스는 사회학습이론의 개념과 명제가 **사회유대이론, 낙인이론, 긴장이론**과 중첩되므로 개념 흡수를 통한 통합이 이루어질 수 있다고 주장했다(Akers, 1998). 개념흡수(conceptual absorption)는 한 이론의 개념을 다른 이론의 개념으로 정의된 현상의 특수한 사례로 가정하는 것을 의미한다(Akers, 1998). '청소년 마리화나 연구'에서 에이커스와 그의 동료들은 사회학습이론이 다른 이론에 비해 경험적 지지를 더 많이 받을 뿐만 아니라 **사회유대이론**이나 **긴장이론**보다 개념이 더 추상적이며 더 넓은 범위를 가지기 때문에 더 나은 선택이 될 수 있다고 주장하였다(Akers et al., 1985). 또한 사회학습과 **사회유대이론** 사이의 개념적 중복에 대한 논의로 결론을 맺고 개념적 통합이 취할 방향을 설명하였다.

에이커스와 코크란(Cochran)은 **사회유대이론**의 '신념(belief)' 개념과 사회학습이론의 '정의(definition)' 개념은 밀접한 유사성을 가지고 있다고 주장한다(Akers & Cochran, 1985). 신념 개념은 범죄와 비행에 호의적이거나 바람직하지 않은 정의개념에 흡수될 수 있다. 사회학습이론에서 정의 개념은 **사회유대이론**의 신념 개념보다 더 넓으며, 긍정적, 중립적, 부정적, **중화적 정의**와 태도, 언어적 표현을 포함한다. 또한 그들의 주장에 따르면, '관여(commitment)'라는 **사회유대이론**의 개념은 사회학습이론의 '차별적 강화(differential reinforcement)'에 흡수될 수 있다고 주장한다(Akers & Cochran, 1985). 관여는 일탈행위의 비용을 의미한다. 즉, 관여개념은 순응에 대한 직업적, 교육적 열망과 관여가 클수록 일탈적 활동으로 인한 잠재적 손실은 더 줄어들게 만드는 변수이다. 한편 사회학습이론에서 차별적 강화 개념은 순응과 일탈행동 모두에 대한 처벌과 보상 균형을 의미한다. 그러므로 관여개념은 차별적 강화라는 보다 일반적이고 추상적인 개념의 한 부분일 수 있다. 즉, 관여는 전반적인 강화균형의 특정항목 중 하나에 해당된다는 것이다.

다음으로 에이커스와 코크란의 주장에 따르면, **사회유대이론**의 '애착(attachment)'개념은 사회학습이론의 '차별적 접촉' 개념에 흡수될 수 있다고 주장한다(Akers & Cochran, 1985). 애착개념은 부모, 친구, 또는 다른 사람들과의 애정관계나 친밀한 관계를 나타내는 지표이다. 그러므로 애착은 사회학습이론에 명시된 차별적 접촉 개념의 '강도(intensity)'의 척도로서 차별적 접촉의 한 양상에 포함될 수 있다(Akers, 1998). 예를 들면, 애착개념의 **조작적 정의**로 "나는 부모 또는 친구와 친하다고 생각한다"로 측정되는데 이 개념은 사회학습이론에서 친한 친구와의 차별적 접촉에서 비행친구와 **동일시**하는 정도를 나타내는 '강도'의 개념에 포함된다. 즉, 강도개념의 **조작적 정의**에서 "청소년 자신이 자주 만나는 친구들을 어떻게 평가하는지"로 측정되는데 이는 애착의 **조작적 정의**와 동일하다는 것이다. 또한 애착개념은 사회학습이론의 '모방(imitation)' 개념에 포함될 수도 있다. 왜냐하면 애착개념은 역할모델에서 타인과 **동일시**하는 것을 의미하는데 이 개념은 사회학습이론의 '모방' 개념의 하부개념으로 포함될 수 있다(Akers, 1998).

에이커스는 사회학습이론이 실증주의 입장에서 우리 사회에서 대부분의 사람들은 법에 순응하면서 살아가는 반면 극히 소수의 사람들이 범죄를 저지르는 이유를 학습의 과정으로 설명한다. 반면에 허쉬는 홉스주의에 입각하여 인간의 범죄성을 인간본성의 자연적 현상으로 파악한다. 이처럼 두 이론이 철학적, 이론적 배경이 상이함에도 불구하고 상하적 개념통합이 가능하다고 에이커스는 주장한다(Akers, 1998). 하지만 허쉬의 입장에서는 **사회유대이론**의 신념, 관여, 애착의 개념이 사회학습이론의 정의, 차별적 강화, 모방 개념에 통합되는 '개념흡수'를 받아들이지 않았다.

결론적으로 사회학습이론에 따르면, 비행행동이 학습됨에 따라 비행행위를 하려는 동기는 학습된 내용에 따라 달라질 것이라고 가정한다. 비행친구와의 차별적 접촉은 일차적으로 비행의 가장 큰 원인이며, 부모양육의 질은 일탈적 또래와의 차별적 접촉 가능성에 미치는 영향을 통해 간접적으로 비행행위에 영향을 미친다. 이 두 가지 가정은 서로 양립할 수 없는 것처럼 보인다. 하지만 하나의 가정(사회학습이론)이 다른 가정(사회통제이론)을 능가하게 되고 궁극적으로 통합이론이 수행되어야 한다면 사회학습이론이 실제로 사회통제이론을 통합하는 방향으로 나아갈 수 있다. 이것은 엘리엇과 그의 동료들이 수행한 통합이론과 에이커스와 코크란의 연구에서 찾을 수 있었다. 연구결과, 그들은 사회통제이론을 명백하게 거부하고 사회학습이론의 가설을 채택했다. 특히 엘리엇과 그의 동료들의 연구에서 비록 그들의 통합이론은 사회통제이론에서 논의를 출발했지만, 비행친구들은 비행행동에 유일한 직접적인 연관성을 가지기 때문에 사실상 사회학습이론이 최종적 통합모델이 된다고 주장했다(Elliot et al, 1985). 하지만 허쉬를 포함한 일부 비평가들은 이론을 통합시키려는 노력이 성공하지 못했으며 추가적인 통합노력은 실패할 수밖에 없다고 주장해왔다(Hirschi, 1979). 이런 비관적인 견해는 인간의 범죄성에 대한 이질성을 관찰한 결과에 기인한다고 볼 수 있다.

05
거시-미시이론 통합

리스카와 그의 동료들은 위에서 언급한 세 가지 통합유형과 다른 교차수준(cross-level)의 통합을 주장했다(Liska et al., 1989). 교차수준의 통합은 거시이론과 미시이론의 통합을 의미한다. 리스카와 그의 동료들은 이론통합이 미시적 차원에서 이루어질 수도 있고 거시적 차원에서 이루어질 수도 있지만, 교차수준의 통합을 통해 미시적 차원과 거시적 차원 사이에서도 이루어질 수 있다고 주장했다(Liska et al., 1989). 리스카의 주장과 마찬가지로 에이커스는 미시, 거시, 미시-거시의 교차수준의 이론적 통합이 가능하다고 주장했다(Akers, 1998). 교차수준의 통합은 이론적 통합의 가장 어렵지만 가장 필요한 유형으로 볼 수 있다. 거시와 미시이론의 통합은 (이미 전장에서 밝힌 것처럼) 에이커스의 사회구조와 사회학습이론에서 실행된 바 있다. 사회구조와 사회학습이론의 통합을 간략하게 제시하면 [그림 5-1]과 같다.

[그림 5-2] 사회구조와 사회학습의 통합

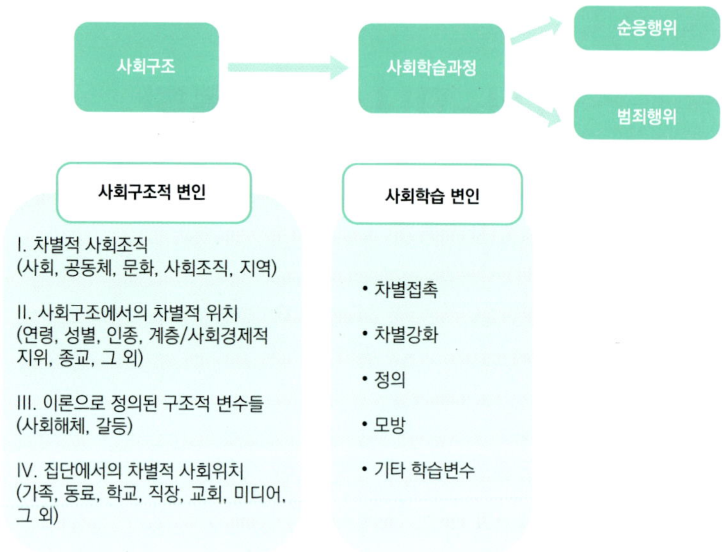

(출처: Criminological Theories 7th Edition, Akers et al, 2016)

일탈행위나 범죄행위의 기초를 설명함에 있어서, 사회학에 학문적 기반을 둔 범죄학자들은 구조적인 접근법(빈곤, 가족해체)이나 사회과정적 접근법(부모 또는 비행친구와의 애착)을 채택했다. 구조이론은 기본적으로 어떤 종류의 사회구조가 특정집단에서는 높은 수준의 비행, 일탈 또는 범죄행위로 이어지며 다른 집단에서는 낮은 수준으로 이어지는지에 대해 관심을 갖는다. 사회구조이론에 따르면, 사회구조는 특정집단에서 나타나는 높은 범죄율의 메커니즘을 사회과정변수를 사용하지 않고도 설명할 수 있다고 주장한다. 예를 들면, 특정사회의 **아노미**현상 또는 다른 조건의 차이는 사회전체와 특정집단에서의 범죄율 차이의 구조적 원천으로 파악한다. 이런 설명은 범죄율에서 특정한 미시적 수준의 역학이 관여하고 있는지에 대한 설명 없이 범죄율의 차이에 대한 거시수준의 원인이 무엇인가에 대한 답을 제공한다. 반대로 사회과정이론은 비행이나 범죄에 영향을 미치는 사회의 구조적 측면을 고려하지 않는다. 사회구조적 차이에 대한 답을 제시하지 않고도 개인의 사회과정 변수들만으로 범죄율 차이를 설명할 수 있다고 주장한다. 하지만 위의 [그림 5-1]에서 제시한 것처럼 사회구조적 요소와 사회과정적 요소를 하나의 이론적 통합모델로 결합하면 각 사회의 범죄율 차이에 대한 보다 완벽한 설명을 제시할 수 있다. 이것은 사회과정 변수가 범죄율 차이에 대한 사회구조적 원천에 연결될 수 있는지에 대한 자세한 설명을 제공한다.

대부분의 사회구조이론에는 사회구조 조건이 높은 범죄율을 생성하는 과정에 관한 가정과 보다 명확한 진술이 포함되어 있다. 예를 들면, 머튼의 **아노미이론**에서는 차별기회들이 단지 객관적으로 기술되는 것이 아니라 개인이 문화적 목표와 합법적 수단의 불일치를 감지할 때 일탈적인 행동을 한다는 사실이 포함되어 있다(Merton, 1957). 마찬가지로 사회과정이론들은 개인이 특정한 삶의 역사를 경험했거나, 특정한 개인의 특징을 가지고 있거나, 특정한 상황에 직면했기 때문에 범죄행위를 저지른다고 주장한다. 이런 사회과정이론들은 개인이 범죄를 저지를 확률을 높이기 위해 일탈기회를 제공하는 사회구조에 관한 내용을 함축한다.

사회구조적 설명은 범죄발생 메커니즘에 어떤 요소들을 명시적으로 삽입하거나, 중재(매개)할 수 있으며, 사회과정적 설명은 사회구조적인 원천에서 출발하거나 연결되어야 한다. 가족/동료 및 일탈행위에 대한 연구는 종종 사회구조적 좌절과 그것이 공평한 삶과 친구관계에 미치는 영향을 설명하지 못한다. 가족, 특히 부모와 친구집단은 개인 및 구조관련 변수 모두에 영향을 미친다. 개인이 사회구조에 위치한 곳은 연령, 성별, 인종, 계급 및 기타 특징으로 표시된다. 이러한 특성은 어떤 사람이 구성원이 될 가능성이 높고, 누구와 상호작용을 하며, 주변의 다른 사람들이 그들의 행동에 어떻게 반응하는지와 관련이 있다. 예를 들면, 사회경제적 불이익은 부모에게 잠재적으로 부정적인 영향을 미치기 때문에 가정에서 부부간의 불화가 더 많이 발생할 가능성이 높고, 이러한 어려움은 하위계층 자녀들의 **사회화**에 부정적인 영향을 미친다. 이 같은 사회경제적 불평등은 하위계층 자녀들이 하위계층의 비행친구와 차별적 접촉을 할 가능성을 높여 비행친구로부터 비행적 가치와 행동을 배우게 되는 토양을 제공한다.

하지만 거시-미시이론의 통합에서 주의해야 할 사항은 범죄발생의 원인을 거시수준의 변수에서 개별수준의 변수로 전환할 때 **생태학적 오류**가 발생할 가능성이 있다. **생태학적 오류**는 집단 또는 지역속성 간의 관계를 사용하여 해당 집단 또는 집단 내 사람들의 개별행동에 대해 추론할 때 발생한다. 예를 들면, 외국인이 많이 거주하는 지역의 범죄율이 높기 때문에 외국인 출생자는 내국인 출생자보다 더 많은 범죄를 저지른다고 주장할 때 **생태학적 오류**가 발생한다. 이런 결론은 명백하게 잘못되었다. 왜냐하면 우리는 외국인 밀집지역에서 실제로 외국인 출생자와 내국인 출생자 중에서 누가 범죄를 더 많이 저질렀는지 모르기 때문이다. 마찬가지로, 실업이 개인의 범죄성을 강력하게 예측하는 변수지만 실업률이 높은 사회가 반드시 높은 범죄율을 가지는 것은 아니다.

미시-거시이론의 통합작업에서 비록 **생태학적 오류**의 가능성이 있지만 사회과정적 변수를 사회구조적 원천과 연결시킬 수 있다. 부모, 또래집단, 비행행동 사이의 상관관계를 설명하는 이론적 과정에 대한 두 가지 상반된 견해가 있다. 첫 번째 관점은 가족 내에서 자녀 **사회화**의 질을 비행행위의 근본적인 결정요인으로 간주하는 사회통제이론적 접근이 있다. 사회통제이론에서 비행청소년은 가정에서 부모와의 유대가 약하거나 긍정적인 관계를 형성하지 못하기 때문에 동료, 교사 및 사회집단에 대한 애착을 촉진시키는 기술과 가치를 습득할 기회가 떨어진다고 주장한다. 갓프레드슨과 허쉬는 자기통제에만 근거한 **자기통제이론**을 제시했다(Gottfredson & Hirschi, 1990). 그들은 비효율적이거나 부적절한 **사회화**, 특히 비효율적인 양육의 결과로, 일부 청소년들은 자기통제력의 부족을 심화시킨다고 주장한다. 이런 청소년은 강력한 내적 통제를 갖도록 **사회화**된 청소년들보다 비행에 더 강하게 끌리는 경향을 가진다. **자기통제이론**에서 또래집단 또는 비행친구와의 사귐은 자기통제력의 발달과 청소년 비행 및 범죄에서 상대적으로 중요한 변수가 아니다. 이 이론은 가정에서의 불충분한 양육이나 **사회화**를 청소년의 범죄발달에 직접적인 영향을 미치는 요인으로 설명한다. 하지만 사회통제이론에서 범죄나 일탈행위를 설명하기 위해서는 또 다른 개입변수나 충분한 조건이 필요하다. 비록 자기통제이론에서 상황과 시간에 걸쳐 범죄를 저지르는 성향에는 변화가 없다는 사실에 동의하지만, 사회통제이론에서 애착, 헌신,

높은 자기통제력이 범죄행위와 어떻게 연결되는지를 설명하지 못한다. 즉, 통제의 '부재(absence)' 그 자체는 가치나 행동을 유발(생산)하지 못한다. 통제부재 안에는 범죄와 비행행위를 더 직접적으로 발생시키는 다른 요소, 조건, 또는 관계가 존재해야 한다. 예를 들면, 가족에 대한 약한 참여, 관여, 애착 변수 자체가 청소년의 비행행위를 유발하지 못한다. 오히려 자기통제, 참여, 관여, 애착이 약한 청소년은 가정 밖에서 비행을 자주 저질러 온 비행친구들과 더 잦은 만남을 추구할 것이고 이 '비행친구와의 만남'이라는 **매개변수**나 조건이 비행과 직접적으로 연결되는 것이다. 이는 엘리엇과 그의 동료들의 연구에서도 사회유대변수나 긴장변수가 사회학습변수와 연결되어야지 일탈행동이 발생한다고 주장했다. 반대로 비행친구와의 만남이라는 **매개변수**와 연결되지 않는 청소년은 일탈행동을 하지 않을 것이다 (Elliot et al, 1985).

사회통제이론과 대조적으로 사회학습이론은 일탈된 또래와의 차별적 접촉이 일차적이고 직접적인 비행의 원인이며, 부모의 감독과 통제는 일탈된 또래와의 관계 가능성에 영향을 미침으로써 간접적인 역할을 한다. 사회학습이론에서 대부분의 청소년들은 친구의 가치관과 행동에 직접적인 영향을 받는다. 반면에 부적절한 부모양육은 청소년들이 일탈적인 친구와 어울리도록 유도하는 간접적인 영향만 미친다. 사회구조와 사회학습이론에서 사회구조가 범죄 또는 비행행위를 중재하는 두 가지 사회학습 메커니즘이 있다. 하나는 가족, 부모양육과 가정환경을 통하는 것이고 다른 하나는 또래집단을 통해 바로 이루어지는 것이다. 예를 들면, 사회구조적 문제는 개인의 일상긴장과 재정적 결핍의 원인이 된다. 만약 하위계층에서 경제위기라는 사회구조적 문제로 인해 가장이 실직상태에 놓이게 되면 부부간의 긴장과 갈등이 증가한다. 이런 가정불화는 하위계층의 청소년들의 **사회화**와 사회학습과정에 부정적인 영향을 미친다. 가정에서 불화를 겪은 청소년은 그와 유사한 경험을 가진 청소년들과 가정 밖에서 자주 만나 비행과 범죄행위를 할 가능성이 높아지는 것이다. 사회학습과정을 중재하는 두 번째 방법은 또래집단을 통해서이다. 하층지역의 청소년들은 중산층지역보다 가정 밖에서 훨씬 활발한 거리생활을 선호하는 경향이 있다. 그들은 비행과 범죄를 중산층지역의 아이들보다 훨씬 더 쉽게 배우는 사회구조적 특성을 가지고 있다. 따라서 하층청소년들은 하층 주거지역의 일탈적 또래집단과 교제할 가능성이 높으며, 일탈적 또래들로부터 비일관적인 가치관과 행동을 배우게 된다.

에이커스는 사회학습이론에서 동일한 과정이 법률에 순응하는 행위와 일탈행위 모두에 관여한다고 주장한다(Akers, 1998). 차이점은 이러한 메커니즘이 작동하는 방향에 있다. 법 위반에 호의적이냐 아니냐는 비행행동에 미치는 영향력의 균형에 달려 있다. 균형은 일반적으로 시간이 지남에 따라 약간의 안정성을 가지지만, 반대로 시간이 지남에 따라 불안정하게 변할 수도 있다. 법 순응행위와 일탈행위는 이 과정에서 모든 메커니즘에 의해 학습되지만, 주된 메커니즘은 행동에 대한 차별적 자극으로 기능하는 호의적이거나 바람직하지 않은 차별접촉, 차별강화, 모방, 인지적 정의에 달려 있다고 에이커스는 주장한다(Akers, 1998). 학습과정에서 동료의 영향이 일차적이고 직접적인 역할을 하지만 유일한 영향은 아니다. 부모, 가족구성원, 이웃, 교회 및 종교집단, 학교교사, 의사, 권위자 및 지역사회의 다른 개인과 집단은 물론 대중매체 및 기타 더 많은 태도와 역할모델이 청소년의 행위에 다양하게 영향력을 행사한다. 즉 사회학습의 과정에서 개인의 법 순응행위 또는 일탈행위에 영향을 미치는 매개체는 친구집단뿐만 아니라 위의 [그림 5-1]에서처럼 네 가지 사회구조적 변수들이 영향을 미친다.

결론적으로 사회학습이론은 사회구조가 개인의 행동에 영향을 미치는 더 많은 사회과정 메커니즘을 제공한다. 사회학습이론은 사회구조와 개인의 행동을 연결하는 일차적 과정으로, 사회구조가 개인의 행동에 변화를 일으키는 과정을 설명한다. 일탈을 일으키는 환경은 학습 메커니즘의 작동을 통해 개인의 행동에 영향을 미친다. 범죄율 변화의 주요 원인은 사회구조의 변화이고 범죄행위 변동의 주요 원인은 사회학습의 변동에 있다. 사회의 일반적인 문화와 구조, 특정 공동체, 집단 및 기타 사회적 상호작용의 내용은 법규범이 승인되고 승인되지 않는 것을 정의하고, 사회구성원의 반응은 개인의 행동에 차별적 강화 또는 처벌이라는 학습환경을 제공한다. 가족 또는 친구집단은 개인의 일탈이나 순응행위를 조장하거나 좌절시키는 일차적인 역할을 담당한다. 범죄행위의 사회적 또는 집단적 비율의 차이는 문화적 전통, 규범, 사회구조, 사회적 통제 시스템이 개인의 **사회화**, 학습 환경, 차별적 강화, 기회, 그리고 순응이나 일탈행위를 매개하는 역할에 따라 다르게 나타난다. 따라서 사회구조와 사회학습 변수의 연결에서 가장 중요한 요인은 [그림 5-1]의 **매개변수**로 설정된 네 가지 학습변인들이며 이 변인들은 네 가지 사회구조변인에 따라 상이한 범죄율 차이를 나타내게 된다.

지금까지 사회학습이론을 중심으로 경쟁적인 이론들과의 명제적 통합과 거시-미시이론의 교차적 통합의 예를 설명했다. 하지만 허쉬를 중심으로 한 이론통합 반대론자들은 이론의 양립불가능성과 이론의 다양성을 주장하면서 통합에 반대하는 입장이다. 이에 더해 여러 범죄학자들의 이론통합의 노력에도 불구하고 아직까지 강력한 이론통합모델은 제시되지 않았다. 따라서 통합이론에 대한 범죄학자들의 관심과 노력은 범죄이론 발전의 차기 논리적 단계가 될 것이다. 통합이론은 각 이론에서 비행에 가장 영향력이 있는 몇몇 변수들을 하나의 이론적 모델에 통합하는 방법을 제공할 것이다. 비행친구, 비행에 우호적인 정의, 부모애착, 낮은 자기통제감, 일상긴장, 기대와 열망 간의 괴리 등과 같은 변수들은 논리적으로 서로 연결될 수 있다. (엘리엇이 주장한 것처럼) 그 결과 비행 및 범죄의 원인에 대한 더 높은 설명력을 통합이론이 제공할 것이다. 통합이론은 어떤 이론이 가장 설명력이 높은지를 묻기보다는 각각의 이론이 비행과 범죄행위를 설명하는 데 적절할 수 있다는 사실을 설명해야 한다. 범죄이론의 발전에서 경쟁적인 범죄이론들이 논리적 순서에 따라 어떻게 부합하는지 살펴보고 적절한 타협점을 발견하는 것이 앞으로의 중요한 과제라 할 수 있다.

제6장

나가면서

01 나가면서

지금까지 사회학습이론의 탄생배경, 이론적 발전과정, 다른 경쟁적인 이론들과의 통합 가능성 등에 대해 논의했다. 사회학습이론은 서덜랜드의 차별접촉이론에서 출발하여 버제스와 에이커스의 차별접촉-강화이론으로 경험적 검증가능성을 확인했다. 에이커스는 차별접촉-강화이론을 좀 더 정교화시켜 단독으로 차별적 접촉, 정의, 차별적 강화, 모방의 개념을 포함한 사회학습이론을 1979년에 발표했다. 1980년대와 1990년대 미국에서 범죄의 원인을 설명하는 데 가장 많이 활용된 이론으로 허쉬의 **사회유대이론**과 함께 에이커스의 사회학습이론은 수많은 경험적 검증과정을 거쳤다. 그 이후 에이커스는 1998년에 사회학습이론의 미시적 관점과 거시구조를 통합하여 '사회구조와 사회학습이론'으로 명명되는 범죄일반이론을 발표함으로써 사회학습이론의 완성단계에 이르게 된다. 한 이론의 긴 여정에서 (여타 범죄이론과 마찬가지로) 사회학습이론 또한 이론적 한계점에 봉착하기도 했다. 이론적 단점은 학계에서 경험적 연구결과를 바탕으로 한 논쟁의 중심테마가 되었으며 학습이론 또한 논쟁의 중심에 서면서 미흡한 부분이 다듬어지고 좀 더 정교한 이론으로 나아가게 되었다. 사회학습이론이 더 많은 범죄유형을 설명하는 범죄일반이론으로 평가받기 위해서 반드시 거쳐야 될 과정이 있다. 그것은 아래의 '좋은 이론'으로서의 구성요건을 갖추었느냐는 것이다. 한 이론이 좋은 이론으로 평가받기 위한 구성요건을 사회학습이론에 접목시킴으로써 학습이론의 논의를 마치고자 한다.

02 좋은 이론의 구성조건

사회학습이론이 범죄의 원인을 설명하는 '좋은 이론(good theory)'으로 평가받기 위해서는 몇 가지 중요한 기준을 충족시켜야 한다. 만약 어떤 범죄이론이 '과학적'이라고 말할 수 있으려면 과학적 평가기준에 의해 평가받아야 한다. 과학적 평가기준에서 가장 중요한 것은 경험적 타당성이다. 물론 경험적 타당성 외에 또 다른 기준들도 중요하다. 그것은 논리적 일관성(logical consistency), 개념의 명확성(conceptual clarity), 범위(scope)와 정확성(accuracy), 간결성(parsimony), 검증가능성(testability), 규칙성(regularity), 유용성(usefulness)과 정책적 함의(policy implications) 등이다(Akers, et al., 2016).

(1) 논리적 일관성과 개념의 명확성

논리적 일관성(logical consistency)과 개념의 명확성(conceptual clarity)은 이론적 명제가 범죄현상의 개념을 명확하게 규정해야 하며, 논리적으로 기술되어 있어야 하고 개념들 간의 논리가 일관성을 내포하고 있는 것을 의미한다. 사회학습이론에서 범죄는 사회구성원들과의 사회적 상호작용을 통해 학습된다고 주장함으로써 개념이 명확하다. 서덜랜드의 차별접촉이론의 가장 큰 한계점으로 이론의 추상성을 지적한 바 있다. 즉, 학습의 과정이 어떤 메커니즘을 통해 실행되는지를 밝혀내지 못했는데 사회학습이론에서는 **조작적 조건화**를 통한 학습과정의 메커니즘을 설명했다. 이런 점에서 학습이론은 개념이 명확하다고 할 수 있다. 추상적 개념인 '학습과정'을 구체적으로 설명하기 때문에 개념의 명확성을 확보한 것이다.

학습이론에서 논리적 일관성이란 학습이론의 네 가지 구성요소가 논리적으로 서로 연결되어 있다는 것을 의미한다. 예를 들면, 친구와의 차별적 접촉(차별접촉개념)을 통해 범죄에 우호적이거나 범죄를 합리화하는 태도, 기술 등(정의개념)을 학습한 후 범죄를 저지르게 되며 범죄로 얻을 수 있는 보상(물리적, 경제적, 정신적, 친구들과의 더 깊은 유대감)이 처벌(경찰에 적발, 주변인들의 낙인 및 비난, 학교징계, 직장에서의 실직 등) 보다 클 경우(차별적 강화개념) 차후에 범죄를 계속할 가능성이 높아진다. 또한 **중요한 타자**(부모, 친구, 롤모델 등)와의 직접적, 간접적 모방(모방개념)을 통해 범죄를 학습할 수도 있다. 이처럼 학습이론의 네 가지 주요개념은 서로 밀접하게 연결되어 있으며 '학습과정'이란 추상적 개념 아래

논리적으로 네 가지 개념이 일관성을 가지고 있다고 볼 수 있다.

(2) 범위, 간결성과 정확성

범죄이론에서 범위(scope)는 이론이 설명할 수 있는 범죄현상의 넓이와 깊이를 의미하며, 간결성(parsimony)은 이론의 구조가 단순한 것을 말한다. 이론의 범위와 간결성은 서로 밀접한 관계가 있다(Akers, et al. 2016). 범죄이론이 간결하지 않으면 이론이 설명하는 범죄유형은 제한될 수밖에 없다. 예컨대, 정신분석이론으로 연쇄살인의 원인을 설명하면서 반사회적 인격장애가 연쇄살인자들에게 공통적으로 나타나는 현상이라고 주장할 수 있다. 이때 정신분석이론이 연쇄살인의 원인을 잘 설명할 수는 있지만 다른 범죄유형(절도, 강도, 약물남용, 사이버범죄 등)을 잘 설명하지 못한다면 '좋은 이론'이 될 수 없다. 따라서 범죄이론은 가장 적은 **가설**이나 이론적 명제로 많은 유형의 범죄현상을 광범위하게 설명할 수 있어야 '좋은 이론'으로 평가받는다. 한편 범죄이론이 설명하는 범위가 넓다는 것은 이론의 **가설**이 추상성을 가져야 한다는 말과 일맥상통한다. '추상성'이란 의미는 양면성을 가지고 있다. 범죄이론이 설명하는 범위를 넓히기 위해 추상성을 강조하다 보면 오히려 그 추상성 때문에 경험적으로 검증하기 불가능해질 수 있다. 서덜랜드의 차별접촉이론이 대표적이다. 법 순응행위나 일탈행위는 사회적으로 학습된다고 이론을 규정함으로써 범죄행위뿐만 아니라 법에 순응하는 인간의 모든 사회행위를 설명하는 넓은 범위를 가졌지만, 그 추상성 때문에 경험적으로 검증하지 못하는 오류를 범하였다.

범위, 간결성과 정확성의 기준을 사회학습이론에 적용하면, 첫째, 범위 측면에서 사회학습이론은 미국사회뿐만 아니라 다른 문화권에서도 범죄의 원인을 설명하는 데 뛰어난 이론이라는 경험적 검증 과정을 거쳤다. 어떤 이론이 미국사회의 범죄원인은 잘 설명하지만 문화적 배경과 전통이 상이한 문화권의 범죄를 잘 설명하지 못한다면 범위적 측면으로 '좋은 이론'으로 평가받지 못한다. 사회학습이론은 독일에서, 프랑스에서, 아일랜드에서, 스웨덴에서, 이스라엘에서, 푸에르토리코에서, 인도에서, 이란에서, 터키에서, 중국에서, 대만에서, 한국에서, 일본에서, 그리스, 러시아, 그리고 우크라이나의 비교연구에서, 미국과 볼리비아의 비교연구에서, 미국과 한국의 비교연구에서 사회학습이론 단독으로 때로는 다른 범죄이론의 비교연구에서 범죄의 원인을 잘 설명하는 이론으로 이미 검증받았기 때문에 범위적 측면에서 사회학습이론은 '좋은 이론'으로 평가받는다. 범위의 또 다른 측면으로 한 이론이 거의 대부분의 범죄유형을 설명해야 '좋은 이론'으로 평가받을 수 있다. 사회학습이론은 실제 경험적 검증과정을 통해 약물남용뿐만 아니라 강력범죄인 성범죄 및 강간을 설명하는 데도 유용한 것으로 밝혀졌다(Boeringer & Akers, 1993).

둘째, 간결성과 정확성 측면에서 학습이론은 '학습'이라는 과정을 통해 범죄의 원인을 설명하므로 간결하고 정확하게 범죄원인을 설명한다. 사회학습이론에서는 일탈행위나 순응행위를 '학습'이라는 개념을 통해 법 위반행위와 순응행위 모두를 설명하므로 간결하다고 평가할 수 있다. 학습 외의 다른 원인으로 범죄의 원인을 설명하지 않는다. 하지만 허쉬의 **사회유대이론**과 갓프레드슨과 허쉬의 **자기통제이론**은 간결성 측면에서 '좋은 이론'으로 평가하는 데 회의적이다. 1969년에 허쉬는 사회적 유대가 약화되거나 깨어졌을 때 범죄가 발생한다고 주장하는 **사회유대이론**을 발표했으며, 그 이후 1990년에는 전혀 다른 개념인 낮은 자기통제감이 모든 범죄의 원인이 된다고 주장함으로써 사회유대와 낮은 자기통제감이 어떻게 연결되어 있는지를 설명하지 않았다.

하지만 에이커스는 사회학습이론을 범죄일반이론으로 확장시키기 위해 1998년에 사회구조와 사회학습이론을 발표했다. 이 이론에서 에이커스는 학습이론에서 설명한 동일한 '학습과정의 메커니즘'을 사용하여 거시구조변인과 네 가지 학습개념을 연결하였다. 즉, 거시구조 변인들이 학습이론의 변인에 직간접적으로 영향을 미치고 학습변인들이 범죄의 원인을 설명하는데 결정적 역할을 하는 **매개변인**이라고 설명했다. 이 이론에서 에이커스는 학습 외 다른 개념을 사용하여 거시구조 변인과 미시변인을 연결시키지 않았다. 일관되게 학습과정의 메커니즘을 거시변인에 적용함으로써 학습이론의 간결성과 정확성을 유지했다.

(3) 검증가능성

'좋은 이론'으로 평가하는 또 다른 잣대로 검증가능성(testability)을 들 수 있다. 어떤 이론들은 너무 추상적이거나 개념적 **가설**이 명확하지 않아 경험적으로 검증 불가능하다. 이론적 명제가 추상적인 것은 바람직한 현상이다. 범죄이론에서 추상적인 명제는 그 범죄이론이 설명할 수 있는 범죄 현상의 범위(scope)를 넓힐 수 있기 때문에 오히려 바람직하다. 그러나 이론의 **가설**과 명제가 추상적이라 하더라도 '좋은 이론'으로 평가받기 위해서는 반드시 경험적으로 검증가능해야 한다. 추상적 명제를 경험적으로 검증할 수 있게끔 명제의 조작화과정을 통한 **조작적 정의**를 제시해야 한다. 예를 들면, 에이커스의 사회학습이론이 '좋은 이론'으로 평가받는 이유는 차별접촉이론의 추상성을 경험적으로 검증가능하게 만들었다는 점이다. 에이커스는 사회학습이론에서 첫째, 서덜랜드가 언급하지 않았던 학습과정의 메커니즘을 '**조작적 조건화**'라는 개념으로 학습과정을 구체적으로 설명했다. 둘째, **조작적 조건화** 과정에서 나타나는 '차별적 강화' 개념을 사용하여 서덜랜드 이론을 경험적으로 측정가능하게 했다. 셋째, 에이커스는 '정의'개념에서 서덜랜드가 언급하지 않았던 '긍정적/부정적 정의'와 '**중화적 정의**'개념을 조작화했고, '모방'개념을 도입하여 **원초집단** 구성원과의 차별적 접촉뿐만 아니라 롤모델이 되는 **준거집단** 구성원과의 차별적 접촉도 학습과정의 메커니즘으로 설명했다. 이런 에이커스의 업적 때문에 사회학습이론이 '좋은 이론'이라는 평가를 받는다고 생각한다.

검증가능성의 또 다른 측면으로 '좋은 이론'은 경험적으로 반증(falsification)될 수 있어야 한다(황성현 외, 2020). 어떤 이론이 현재 우리 사회의 범죄현상을 설명하는 데 유용하다 할지라도 상황이 바뀌면 반증되어야 한다. 반증(falsification)이란 말은 기존의 이론을 반박하는 어떤 새로운 사실이 밝혀진다면 기존의 이론을 폐기하고 새로운 이론을 채택할 수 있는 가능성을 의미한다. 이론을 검증하기 위해서는 반증(falsification)은 필수적이다. 예를 들면, 사회학습이론은 **동의어반복**이라는 비판을 받아왔다. 에이커스는 비행친구와의 차별적 접촉이 청소년 비행 및 범죄의 원인이 된다고 주장하지만, 허쉬(Hirschi)를 중심으로 한 사회통제론자들은 차별적 접촉은 비행의 원인이 아니라 비행의 결과라고 비판했다. 비행청소년은 각기 다른 이유로 비행을 먼저 저지른 후 그들과 성향이 맞는 비행친구들을 사귀게 된다고 주장했다.

에이커스 이론의 **동의어반복** 문제를 검증하기 위해 황성현은 한국아동 · 청소년패널의 중학교 2학년부터 고등학교 2학년까지 4년간의 종단자료를 사용하여 비행친구가 비행에 미치는 비행친구선행론과 비행이 비행친구에 영향을 미치는 비행선행론 중 어느 것이 더 합당한지를 검증하였다(황성현, 2016). 분석결과, 비행친구는 비행친구 초기치와 변화율에 통계적으로 유의미한 영향력을 미쳤으며, 비행친구변화율 또한 비행변화율에 유의미한 영향력을 미쳤다. 즉, 비행친구와의 차별적 접촉을 많이 시도한 청소년은 비행초기부터 그렇지 않은 청소년보다 더 많은 비행을 저질렀다. 또한 학년이 증가함에 따라 비행친구와의 차별적 접촉을 더 많이 시도한 청소년은 비행초기에서부터 그렇지 않은 청소년에 비행 더 많은 비행을 저지르며 이런 현상은 고등학교 2학년까지 지속되는 것으로 드러났다. 황성현의 연구결과에 따르면, 사회통제론자들의 **동의어반복** 비판은 타당하지 않고, 에이커스의 학습이론을 지지하는 것으로 나타났다.

(4) 경험적 타당성과 규칙성

'좋은 이론'으로 평가받는 가장 중요한 잣대는 명제와 경험적 연구결과 사이의 일치정도를 의미하는 경험적 타당성(empirical validity)이다. 경험적 타당성은 한 이론이 경험적 조사에 의해 지지되는 정도를 의미한다(황성현 외, 2020). 사회학습이론이 '좋은 이론'으로 평가받는 가장 결정적 기준은 경험적 타당성에 있다. 학습이론은 이론이 개발된 미국사회뿐만 아니라 한국사회에서도 다른 이론과의 비교연구에서 경험적으로 가장 설명력이 뛰어난 이론으로 밝혀진 많은 연구결과가 있다. 미국에서 동일한 표본에서 수집된 동일한 자료를 아용하여 범죄의 원인을 분석한 결과 사회학습이론이 다른 이론보다 더 지지되는 것으로 나타났다(Aliverdinia & Pridemore, 2007; Benda, 1994; Burton et al., 1994; McGee, 1992; Neff & Waite, 2007; Preston, 2006; Rebellon, 2002; Smangs, 2010). 이런 연구결과는 한국에서도 비슷하다. 한국에서 황성현은 1999년에 사회학습이론, **사회유대이론**, **자기통제이론**을 사용하여 고등학생들의 약물남용을 분석한 결과, 사회학습변수들의 설명력이 가장 뛰어났으며 **사회유대이론**과 **자기통제이론**의 설명력은 학습이론에 비해 설명력이 미미한 수준이었다(Hwang & Akers, 2003; 2006). 또한 한국정책연구원이 수집한 한국청소년패널자료와 한국아동·청소년패널을 사용하여 사회학습이론과 다른 경쟁적인 이론과의 비교연구에서도 학습변인들의 설명력이 가장 뛰어난 것으로 밝혀졌다(이승현 · 황성현, 2019; 이완희, 2014; 이완희 · 황성현, 2014; 2016; 황성현, 2009; 2010a; 2010b; 2012b; 2015; 2016; 황성현 · 이강훈, 2013).

특히, **사회유대이론**, 사회학습이론, **일반긴장이론**, **자기통제이론**을 사용하여 청소년비행의 원인을 통합적으로 연구한 황성현의 연구에서 사회학습이론의 설명력이 가장 높았으며, 그다음으로 사회유대변인들 〉 **일반긴장이론** 〉 **자기통제이론** 순으로 나타났다(황성현, 2015). 사회학습이론에서 추출된 친구와의 차별적 접촉과 정의변인은 다른 이론의 변인들에 비해 가장 적은 수가 회귀방정식에 투입되었음에도 불구하고 가장 많은 청소년비행 변량을 설명하였다. 구체적으로 7개의 사회유대변인은 청소년비행 변량의 9.8%를, 7개의 일반긴장변인은 6.7%를, 6개의 자기통제변인은 3.8%의 청소년비행을 설명한 반면 단지 2개만 투입된 사회학습이론은 청소년비행의 38%를 설명하는 것으로 나타났다. 이 결과와 유사하게 **사회유대이론**, **일반긴장이론**, 사회학습이론에서 제안된 변인들을 사용하여 청소년 **지위비행**의 원인을 연구한 이완희와 유완석의 연구에서도 회귀방정식에서 투입된 사회학습이론의 변인들은 **일반긴장이론**과 **사회유대이론**에서 추출된 **독립변인**의 수보다 3.5배–5.5배 부족함에도 불구하고 설명력은 가장 뛰어난 것으로 드러났다(이완희 · 유완석, 2014).

'좋은 이론'으로 평가받기 위한 또 다른 요건은 일련의 규칙성(regularity)을 가져야 한다. 예를 들면, 해체된 가정에서 자란 아이들의 각종 범죄율은 비교적 높은 편에 속한다. 그렇다고 해서 거의 모든 해체가정의 아이들의 범죄율이 일반 가정의 아이들보다 높은 것은 아니다. 오히려 일반 가정에서 자란 아이들의 범죄가능성이 해체 가정의 아이들보다 더 높게 나타나는 연구결과도 제법 존재한다. 이런 연구결과는 가족의 구조나 사회 환경에 초점을 둔 이론으로 설명하기보다는 부모-자식 간의 상호작용의 질이나 양육형태에 초점을 맞추는 개인 환경적 이론으로 설명할 때 자주 나타나는 연구결과다. 문제는 범죄의 원인을 밝히기 위해 어떤 이론을 적용하느냐가 중요한 것이 아니라, 범죄현장에서 꾸준하게 발견되는 일련의 규칙성을 어떻게 설명하느냐에 달려 있다(황성현 외, 2020). 사회학습이론은 일련의 규칙성을 가지고 있다. 비록 사회구조가 사회학습변인들에 영향을 미치지만, 학습이론에서 주장하는 네 가지 중요 개념은 일관되게 각종 범죄의 원인을 설명하는 것으로 경험적 연구결과 알려져 왔다. 네 가지 학습개념은 특정 범죄자가 어떤 가정환경과 사회구조 속에서 살았는지에 상관없이 범죄의 주된 원인으로 지목되었다는 일련의 규칙성을 가지고 있다. 에이커스의 SSSL이론에서 비록 모든 사회구조변인들이 사회학습변인을 매개하여 범죄율에 영향을 미친 것은 아니지만, 범죄현장에서 꾸준하게 고려되는 성별, 연령, 가족구조, 인종 등의 중요 거시변인들은 그들의 타고난 배경에 상관없이 사회학습변인을 매개하여 **종속변인**인 각종 범죄의 원인으로 일관되게 지목되었다.

(5) 유용성과 정책적 함의

범죄이론은 일반사람들에게 의미 있는 유용성(usefulness)과 정책적 함의(policy implications)를 제시할 수 있어야 한다. 모든 범죄이론은 범죄 예방과 치료 및 정책적 대안을 함축하고 있다. 예를 들면, 미국에서 사회유대원리와 사회학습원리를 통합한 사회개발모형(social development model)이 시애틀 지역에서 시행되어 청소년의 비행 및 범죄율을 낮추는데 상당한 기여를 했다. 에이커스의 사회학습이론, 허쉬의 **사회유대이론**을 결합한 헤드 스타트(head start) 프로그램은 지역사회 및 학교에 기반을 둔 범죄예방 프로그램으로 잘 알려져 있다. 이 프로그램은 특별히 빈곤지역, 고위험 지역의 초등학생과 가족에게 사회적, 경제적, 학습적 지원을 제공함으로써 가족, 학교, 지역사회에서의 위험요인을 감소시키고, 보호요인을 강화시키는 역할을 담당했다(Akers, et al., 2016).

미국에서 사회학습이론은 많은 집단치료, 자조(self-help)프로그램, 학교 프로그램, 십대 약물 · 음주 · 비행 예방 및 교육 프로그램과 그 밖의 사적 및 공적 프로그램에 대해 이론적 기반을 제공하고 있다(Akers et al., 2016). 사회학습이론에 뿌리를 둔 범죄예방 프로그램으로는 하이필드(Highfields)와 에식스필드(Essexfield) 프로그램, 파인힐즈(Pinehills) 그룹홈 프로그램, 교육가족 그룹홈 프로그램, 오리건 사회학습센터(Oregon social learning center)에서 시행하는 청소년변화 프로그램과 다차원 처우 위탁보호 프로그램, 앤드루스(Andrews)의 반전적 교정 프로그램과 인지-행동 프로그램, 미 전역에서 시행되는 갱반대교육 및 훈련(Gang Resistance Education And Training; GREAT) 등이 있다(Akers et al., 2016). 아쉽게도 한국에서 사회학습이론에 기초한 범죄예방프로그램이나 범죄자치료 프로그램은 아직까지 존재하지 않는다. 이는 사회학습이론의 경험적 타당성이 계속 진행 중에 있기 때문으로 추정된다. 또한 한국에서 범죄예방 프로그램을 설계하는 정책입안자들이 사회학습이론의 유용성을 잘 모르고 있기 때문이며, 실제로 한국의 모든 범죄예방 및 치료 프로그램은 범죄이론에 기반하여 만들어지고 실행되지 않기 때문으로 추정된다.

요약하면, 사회학습이론은 '좋은 이론'으로 평가받을 수 있는 모든 조건을 다 갖추었다고 볼 수 있다. '좋은 이론'의 가장 중요한 요건인 경험적 타당성 측면에서 미국과 한국사회의 연구결과, 다른 경쟁적인 범죄이론들보다 사회학습이론의 설명력은 가장 뛰어났으며, 특히 친구와의 차별접촉변수는 어떤 다른 이론의 변수들보다 각종 범죄의 원인을 가장 잘 설명하는 것으로 드러났다. 사회학습이론은 논리적 일관성, 개념의 명확성, 범위와 정확성, 간결성, 검증가능성, 규칙성, 유용성과 정책적 함의 측면에서 '좋은 이론'으로 평가할 수 있는 조건들을 다 갖추었다는 연구결과들이 상당수 존재한다.

사회학습이론이 한국에 소개된 지도 몇 십 년이 흘렀다. 그 사이 많은 연구자들에 의해 학습이론이 범죄현장에서 범죄의 원인을 설명하는 '좋은 이론'으로 평가받았지만 미흡한 점 또한 존재한다. 한국에서 사회학습이론은 황성현과 그의 동료들에 의해 주로 경험적으로 검증되었다. 차후 과제는 좀 더 많은 연구자들이 학습이론에 관심을 가지고 다른 경쟁적인 이론들과의 비교연구를 더 많이 진행하기를 기대한다. 한 이론이 지리적, 문화적 장벽을 초월하여 인간의 범죄성을 밝히기 위해서는 다양한 학문적 배경을 가진 연구자들에 의해 연구가 진행되어야 한다. 이런 점에서 사회학습이론의 한국적 토착화

과정이 한참 진행 중이라고 평가할 수 있다.

또 다른 앞으로의 과제로는 사회학습이론의 정책적 함의와 예방프로그램에 있다. 어떤 '좋은 이론'이 한국사회의 각종 범죄원인을 잘 설명한다 하더라도 이것을 활용하지 않는다면 단순한 주장이나 허공에 떠 도는 메아리에 불과하다. 미국과 유럽사회처럼 경험적으로 수많은 검증과정을 거친 '좋은 이론'에 기초한 범죄예방 및 치료프로그램을 개발할 필요가 있다. 미국에서 개발된 범죄이론이 한국사회에서 토착화하기 위한 여러 검증단계를 거친 범죄이론들이 꽤 있지만 정책적 대안이나 예방프로그램의 개발로 진행된 이론은 거의 전무하다. 범죄이론에 바탕을 둔 범죄예방 프로그램 개발은 온전히 학계 연구자들과 정책입안자들의 몫이다. 두 집단이 좀 더 많은 세미나와 연구모임을 통해 한국사회에서 각종 범죄율을 획기적으로 줄일 수 있는 예방프로그램과 정책적 대안을 많이 제시하기를 기대한다.

부록

1. 용어설명
2. 참고문헌
3. 색인

용어설명

*** 가설:**

가설(hypothesis)은 일반적으로 두 개 이상의 변수들 간의 관계를 검증가능한 형태로 서술해 놓은 하나의 문장을 의미한다. 가설은 흔히 독립변수와 종속변수의 관계로 표현하는데, 예를 들어 "A(독립변수)가 높을수록 B(종속변수)도 높다" 등이 가설의 형태이다. 가설은 여러 가지 특성을 가지고 있다. 첫째, 가설은 두 가지 혹은 그 이상의 현상들 간의 관계를 서술한다. 예를 들면, "소득수준이 높을수록 생활에 대한 만족도는 높을 것이다"라는 가설은 '소득수준'이라는 변수와 '생활에 대한 만족도'라는 변수 사이의 관계를 진술하고 있다. 둘째, 가설은 서술된 관계를 실증적으로 검증할 수 있어야 한다. 즉, 가설은 경험적으로 **조작적 정의**를 통해 입증될 수 있어야 한다. 예를 들면, "기독교인들의 내세관이 힌두교도들의 내세관보다 더 옳다"라는 가설은 경험적으로 검증 불가능하므로 가설이라 할 수 없다. 셋째, 가설은 진술을 명확히 해야 한다. 가설은 비교법을 사용할 때 좀 더 효과적인 문장이 된다. 예를 들면, "교육수준은 투표의 참여율과 관련이 있다"는 가설보다는 "교육수준이 높은 사람일수록 교육수준이 낮은 사람보다 투표에 참여하는 경향이 높다"가 더 좋은 가설이다. 넷째, 가설은 구체성을 지녀야 한다. 즉, 가설은 변수들 간의 가정적인 관계를 진술하는 것이므로 구체성을 지녀야 한다. 구체성은 **조작적 정의**를 통하여 이론적 개념이 구체적으로 측정 가능한 조작적 가설의 상태로 바뀌어져야 한다는 것이다. 예를 들면, '지능'이라는 추상적 개념은 'I. Q.' 점수로 조작화할 수 있고, 부모의 '사회 경제적 지위(socio economic status: SES)'는 부모의 '직업, 학력, 월수입' 등으로 조작화할 수 있다. 따라서 '지능이 낮을수록 범죄를 저지를 확률이 높아진다'라는 추상적 가설은 'I.Q. 점수가 낮을수록 범죄율이 높아진다'로 조작화할 수 있다. 또한 '부모의 사회경제적 지위가 높을수록 자녀의 비행률은 낮아진다'라는 추상적 가설은 '부모의 직업, 학력, 월수입이 높을수록 자녀의 비행률은 낮아진다'로 조작화할 수 있다.

*** 갈등주의이론 / 갈등론:**

갈등주의이론(conflict theory)은 사회 환경적 이론에 속한다. 사회환경적 이론은 일명 거시적 범죄이론으로 불린다. 사회 환경적 이론은 범죄발생의 원인을 개인에게 돌리기보다는 범죄가 일어날 수밖에 없는 사회, 구조적 요인에서 찾는다. 거시범죄이론은 다시 사회구조와 제도가 개인에게 긍정적 역할을 한다는 구조기능주의에 입각한 이론과 사회는 사회구성원들의 상호 동의나 합의에 의해 이루어지는 것이 아니라 서로 갈등하고 대립한다는 갈등주의적 관점에 입각한 범죄이론으로 나눌 수 있다. 갈등주의에 입각한 범죄이론가들은 법과 형사사법의 모순점, 범죄행위에 대한 기존 구조기능주의자들의 관점을 반박한다.

갈등주의이론은 사회가 기본 가치에 대한 상호 동의나 합의를 바탕으로 이루어진 것(합의론적, 구조기능론적 이론)이 아니라, 권력 갈등 관계로 이루진 것으로 보는 이론이다. 가장 힘있는 집단은 법을 장악하여 그들이 추구하는 가치가 법으로 채택되도록 하는 반면에, 힘없는 집단의 구성원은 입법과 사법에서의 피해자로서 생존을 위해 법을 위반할 수밖에 없다는 것이 갈등주의론자들의 기본 입장이다. 갈등이론은 마르크스주의적 시각에서 출발하여 봉거(Bonger), 다렌도르프(Dahrendorf), 볼드(Vold) 등이 갈등론적 시각을 발전시켰으며 1960년대 이후에는 퀴니(Quinney), 챔블리스(Chambliss)와 시드먼(Seidman), 터크(Turk) 등의 사회갈등이론으로 발전했다. 사회갈등이론은 1970년대 이후에 비판범죄학으로 보완되었으며, 최근에는 갈등이론의 정책적 시사점으로 브레이스웨이트(Braithwaite)가 주장하는 회복적 사법으로까지 발전하였다(이창한 외, 2012).

(John Braithwaite : 1951-현재)

*** 긍정적 강화/부정적 강화:**

에이커스의 사회학습이론에서 긍정적 강화(positive reinforcement)와 부정적 강화(negative reinforcement)는 차별적 강화(differential reinforcement)의 내용에 포함된다. 차별적 강화는 어떤 행위의 결과로 나타나는 예상 되거나 실제적인 보상과 처벌 간의 균형이라고 할 수 있다. 비행행위가 저질러지고 반복될 가능성은 친한 동료로부터의 인정, 돈, 음식, 즐거운 감정 등의 보상이, 체포, 범죄자로 낙인, 발각될 가능성 등과 같은 처벌보다 더 클 경우에 일어난다. 이때 보상이 처벌보다 더 클 경우를 긍정적 강화라 하고, 반대로 처벌이 보상보다 더 클 경우를 부정적 강화라고 한다. 따라서 개인의 행동에 대한 긍정적 강화가 클수록, 긍정적 강화가 빈번하게 일어날수록, 강화의 가능성이 클수록 그런 행동은 반복적이고 자주 일어날 가능성이 높다는 것이다.

* 구조기능주의:

구조기능주의(structural functionalism) 관점은 사회를 서로 관련된 부분들의 체계로 본다. 이 관점에 따르면, 사회에는 핵심적 가치관과 적합한 행동형태에 대한 합의(consensus)가 이루어져 있다고 가정한다. 이 가정 하에 지속적 행동유형들 혹은 사회구조(지위, 역할, 조직, 제도)가 사회의 가치를 실현하기 위해, 그래서 사회체계의 존속을 증진시키도록 기능하고 있는지를 분석한다. 범죄와 일탈에 대한 구조기능론의 주제는 두 가지로 구분된다. 첫 번째 핵심주제는 규범위반을 사회체계의 붕괴와 관련하여 설명하는 것으로, 특히 규범적 합의와 사회적 통합이 깨어진 것으로 개념화하는 것이다. 두 번째 주제는 규범위반을 다른 행동이나 마찬가지로 하나의 지속적인 행동유형으로 다루는 것이다. 즉 구조기능론은 어떤 행동유형이 안정적으로 지속되는 것은 그 행동이 보다 큰 사회체계를 위해 기능하고 있기 때문이라는 것을 기본적 전제로 하는 이념을 말한다. 범죄학에서 구조기능주의적 관점에 입각한 범죄이론으로는 사회해체론, 아노미이론, **긴장이론** 등이 있다.

*** 권력통제이론:**

마르크스의 갈등주의이론의 최신 경향으로 좌파실재론, 비판여성주의이론, 권력-통제이론, 포스트모던이론, 평화구성이론 등이 있는데 그 중에서 가장 대표적인 것이 권력통제이론(power control theory)이다(이창한 외, 2012). 헤이건(Hagan)은 범죄에서 나타나는 성차를 설명하기 위해 급진적인 여성주의 시각을 도입하여 범죄율은 계급적 권력과 가족 내 권력에 의해 결정된다는 권력통제이론을 주장했다(Hagan et al., 1985). 즉, 가부장적 가정에서 자란 딸은 부모로부터 지나친 통제를 받는 대신 아들은 상당한 자유를 누린다. 따라서 아들은 딸보다 비행을 저지를 가능성이 높다고 주장했다. 반면에 평등한 가정에서 자란 딸의 비행은 아들의 비행과 매우 비슷한 수준이다. 이런 결과는 부모가 비슷한 권력을 소유하고 있는 가정에서 딸은 남자 형제와 비슷하게 직업적 성공에 대한 기대감을 갖고 있으며 그 결과 성별에 관계없이 위험 추구적 행동이나 비행을 저지르도록 사회화된다는 것이다. 권력통제이론은 범죄를 연구하기 위해 성과 계급, 가족구조를 하나의 이론적 틀 안에서 고려하고 있는 새로운 접근이라는 점에서 범죄학계의 큰 관심을 불러일으켰다. 그러나 모든 경험적 연구가 권력통제이론을 지지하지는 않는다. 구체적으로 권력과 통제가 비행에 상호작용적 영향을 준다는 사실을 재검증하는 작업은 실패했다. 또한, 몇몇 연구는 노동자 가정, 관리직 가정, 경영자 가정에서 자녀에 대한 부모의 감독에서 성차나 행동의 차이를 발견하지 못했다는 비판을 받기도 했다.

*** 낙인이론:**

낙인이론(labeling theory)은 대표적인 사회반응이론에 속한다. 즉, 낙인이론은 비행이나 범죄는 사회적 낙인의 산물로 낙인이 없다면 범죄도 발생하지 않는다고 주장함으로써 범죄에 대한 사회적 반응이 범죄자를 양산한다고 보는 이론이다. 이 이론의 사상적 배경은 **상징적 상호작용론**에 근거를 두고 있다. 상징적 상호작용론이 범죄학에 미친 영향은 지대하다. 사회과정이론인 사회학습이론 및 **사회유대이론** 또한 상징적 상호작용론에 기초하고 있지만 이 이론에 가장 많은 영향을 받은 범죄학이론은 바로 낙인이론이다. 만약 사회구성원들 사이에서 상징적 상호작용이 없다면 낙인이론은 존재할 수 없다. 왜냐하면, 낙인을 찍는 주체가 바로 매일 같이 상호작용하는 친구, 직장동료, 가족, 이웃, 지역사회, 사법기관의 주체들이기 때문이다. 예를 들면, 범죄를 자주 저지르는 비행집단의 청소년이나 상습 성인범죄자에게 학교 친구들이나 선생님들 또는 사법기관에서 범죄자 또는 비행집단의 청소년이라는 낙인을 찍었기 때문에 그 낙인에 부응하여 그들은 각종 범죄를 저지르게 된다. 이때, 주위 사람들과의 상호작용이 없다면, 낙인을 찍을 주체가 사라지기 때문에 우리 사회에서 낙인 또한 존재하지 않게 된다. 따라서 사회조직 내에서 주위 사람들과의 언어, 몸짓, 사회행위 등과 같은 상징성을 가진 끊임없는 상호작용으로 인해 우리는 서로서로에게 나쁜 사람, 좋은 사람, 사귀고 싶지 않은 사람, 친한 친구로 사귀고 싶은 사람 등과 같은 낙인이 부여되는 것이다. 낙인이론의 대표적 학자로 1930년대 탄넨바움(Tannenbaum)이 있으며, 범죄의 발생과 형태에 대한 사회통제체계의 효과를 강조한 최초의 체계적 분석은 레머트(Lemert)에 의해 이루어졌다. 낙인이론을 집대성한 학자는 베커(Becker)로 그는 1963년 저서 '아웃사이더(outsiders)'로 낙인이론을 범죄학계에 보편화시켰다(황성현 외, 2020).

(Frank Tannenbaum : 1893-1969)

(Edwin M. Lemert : 1912-1996)

(Howard S. Becker : 1928-현재)

* **동의어반복(tautology):**

사회과학방법론에서 인과관계가 형성되기 위해서는 3가지 전제조건이 있다. 첫째, 원인과 결과는 상호연관성이 있어야 한다. 예를 들면, '깨진 유리창이 많은 지역에서는 그렇지 않은 지역보다 사회해체가 빠르므로 범죄율이 높다'라는 가설은 깨진 유리창이 원인이고 범죄율이 결과이므로 두 변인 간에는 상호관련성이 있다고 판단한다. 둘째, 원인은 결과보다 반드시 시간적으로 우선하여야 한다. 예를 들면, **자기통제이론**에서 '낮은 자기통제력은 범죄율을 높인다'는 가설에서 낮은 자기통제력 원인이고 그 결과 범죄율이 높게 나타나는데, 낮은 자기통제력의 결과 범죄율이 높아진다는 것이다. 이때 원인변수인 낮은 자기통제력은 범죄율이란 종속변수보다 시간적으로 우선하는 변수다. 그러나 '아이스크림이 잘 팔리면 날이 더워진다'라는 가설은 인과관계가 성립되지 않는다. 왜냐하면 아이스크림이 잘 팔리는 것은 날이 더워진 결과로 나타난 것이므로 날이 더워진 것이 독립변수가 되어야 하고 그 결과 아이스크림이 잘 팔리는 것이 종속변수가 되어야 한다. 따라서 두 변수 간에 인과관계가 형성되기 위해서는 '날이 더워져서 아이스크림이 잘 팔린다'라는 가설로 바꾸어야 한다. 마지막으로 원인변수(독립변수)와 결과변수(종속변수)는 상호배타성이 있어야 한다. 즉, 원인과 결과는 서로 다른 개념을 측정하는 변인이 되어야 한다. 예를 들면, **사회유대이론**에서 '부모와의 유대가 약하면 약할수록 자식의 범죄가능성은 높아진다'라는 가설에서 원인인 '부모와의 유대'는 결과인 '비행가능성'과는 완전히 다른 개념을 측정하는 것이기 때문에 인과관계가 성립된다. 그러나 '고학력이면 학벌이 높다'라는 가설에서 원인인 고학력과 결과인 학벌은 같은 개념을 측정한 것이므로 상호배타성의 원칙에 위배된다.

이와 같이, 원인과 결과가 같은 가설을 동의어반복(tautology)적인 가설이라 한다. 즉, 동의어반복의 오류는 가설에서 원인과 결과가 같은 개념을 측정하는 것을 의미한다. 또한, 두 번째 인과관계의 형성 조건에서 원인은 결과에 시간적으로 우선해야 하는데, 그렇지 않은 경우도 동의어반복의 오류를 범하는 것이다. 예를 들면, 사회학습이론에서 비행친구와의 차별적 접촉은 비행의 주요한 원인이라고 정의한다. 여기서 비행친구와의 차별적 접촉의 결과 비행을 저지르게 된 것인지? 아니면 다른 이유로 비행을 먼저 저지른 청소년이 그의 생각과 행동 양식이 비슷한 비행친구와 자주 어울리게 됐는지를 판단하기 힘들 때 우리는 동의어반복의 오류를 범했다고 판단한다. 사회학습이론을 비판하는 학자들은 비행친구와의 차별적 접촉이 원인이 아니라 결과가 될 수 있다고 주장한다. 이처럼 사회과학에서 어떤 가설의 인과관계를 형성하기 위해서는 위에서 언급한 3가지 전제조건이 충족되어야 하지만, 실제로 그렇지 못한 경우가 상당히 많으며 특히, 두 번째와 세 번째 전제조건을 충족하지 못하는 가설을 동의어반복적인 가설이라 칭한다.

* 독립변인(변수) / 종속변인(변수):

독립변인(independent variable)은 어떤 사건의 원인이 되는 변인을 의미하며, 종속변인(independent variable)은 독립변인의 결과가 되는 변인을 말한다. 예를 들면, "비가 많이 와서 강물이 범람했다."라는 명제에서 강물이 범람한 원인은 비가 많이 왔다는 사실이다. 이때 비가 많이 온 사실이 강물이 범람한 원인이 되므로 독립변인이 되는 것이고, 그 결과 강물이 범람했다는 것이 종속변인이 된다. 어떤 명제나 가설에서 이렇게 인과관계가 성립되기 위해서는 몇 가지 전제조건이 있어야 한다. 첫째, 원인과 결과가 되는 변수는 서로 관련성이 있어야 한다. (위의 예에서처럼) 비가 많이 온 사실과 강물이 범람한 사실은 서로 관련성 있다. 그러나 "비가 많이 와서 학업성적이 떨어졌다"는 가설을 설정했다면, 이것은 인과관계가 성립 안 되는 비논리적인 문장이다. 왜냐하면 비가 많이 온 독립변인과 학업성적이 떨어진 종속변인 간에는 아무런 관련이 없기 때문이다. 학업성적에 영향을 미치는 독립변인은 학업분량, 교사에 대한 애착도, 학과목에 대한 이해도 등이 될 것이다. 따라서 "하루 중 공부하는 시간이 많을수록 학업성적이 올라간다."라는 가설은 인과관계가 성립되지만, 비와 학업성적 간에는 아무런 관련이 없기 때문에 올바른 가설이 아니다.

인과관계가 성립되기 위한 두 번째 조건으로 원인(독립)변수는 종속변수에 시간적으로 우선해야 한다. 위의 가설에서 독립변인인 비가 많이 온 사실은 종속변인인 강물이 범람한 사실보다 시간적으로 우선해서 발생했다. 반대로 "강물이 범람해서 비가 많이 왔다"는 가설을 설정한다면, 이 가설에서 인과관계는 성립되지 않는다. 왜냐하면, 강물이 범람한 사실이 비가 많이 온 사실보다 시간적으로 우선하지 않기 때문이다. 세 번째로, 원인(독립)변인과 결과(종속)변수는 상호배타적이어야 한다. 여기서 상호배타적이라는 말은 서로 다른 개념이어야 한다는 사실을 의미한다. 비가 많이 온 원인변수와 강물이 범람한 결과변수는 서로 완전히 다른 의미를 가진 개념이므로 인과관계가 성립이 된다. 그러나 만약 "고학력이면 학벌이 높다"는 가설을 설정한다면, 여기서 '고학력'이라는 원인변수와 '학벌이 높다'는 결과 변수는 상호배타적이지 않다. 학력과 학벌이 높다는 개념은 사실 같은 의미를 측정하는 것이기 때문에 상호배타적이지 못하므로 인과관계가 성립되지 않는 것이다. 이처럼 상호배타적이지 않는 가설을 조사방법론에서는 '동의어반복'적 가설, 또는 "동의어반복의 오류를 범했다"라고 말한다. 결론적으로 독립변인은 어떤 사건의 원인이 되는 변수를 말하며 종속변수는 그 독립변수의 결과가 되는 변수를 의미한다.

* 동일시:

동일시(identification)는 일종의 모방으로서, 한 개인이 다른 사람을 믿고 좋아하고 본받아 그 사람의 특성들을 받아들여서 자신의 일부분으로 만드는 과정을 말한다. 따라서 동일시는 좋아하는 사람의 행동을 무의식적으로 모방하면서 자신의 긴장을 해소해 가는 일종의 학습과정이다. 어린이에게 있어서 부모는 중요한 동일시 대상이 되며, 아이의 사회화에 결정적인 영향을 미치는 존재가 된다.

* 매개변인(변수):

매개변인(mediate variable)은 어떤 가설에서 종속변인과의 관계에서는 독립변수의 역할을 하고, 독립변수와의 관계에서는 종속변수 역할을 하는 변수를 의미한다. 즉, 독립변인과 종속변인의 중간다리 역할을 하는 변수를 말한다. 범죄학에서 생물학적, 유전적 범죄원인론을 주장하는 학자들은 "지능이 낮으면 낮을수록 청소년의 비행률은 증가한다"라고 보았다. 즉, 지능이라는 독립변수가 비행률에 직접적으로 영향을 미친다는 사실을 주장했다. 그러나 이런 지능과 비행률과의 관계를 반박한 허쉬(Hirschi)와 힌델랑(Hindelang)의 주장에 따르면(Hirschi & Hindelang, 1977), 지능이 비행률에 영향을 미치는 것은 부인할 수 없는 사실이지만 그 중간에 매개변수인 '학업수행능력' 또는 '학교생활 부적응'이라는 매개변수의 역할을 강조했다. 즉, 지능이 낮다는 독립변수가 직접적으로 종속변수인 비행률을 증가시키는 것 (낮은 지능------->비행률 증가) 이 아니라 낮은 지능으로 인해 매개변인인 학업수행능력이 떨어지거나 또는 학교생활에 적응하지 못해서 그 결과 종속변수인 비행률을 증가시키게 된다 (낮은 지능----> 낮은 학업수행능력 또는 학교생활 부적응----> 비행률 증가)는 것이다. 여기에서 매개변수인 '낮은 학업수행능력' 또는 '학교생활부적응'은 독립변수인 낮은 지능과의 관계에서는 종속변수역할을 하고 그 와 동시에 종속변수인 비행률 증가와의 관계에서는 독립변수 역할을 하는 것이다. 이때 낮은 학업수행능력 또는 학교생활부적응이 매개변수가 되는 것이다.

* 모집단:

어떤 집단을 통계적으로 관찰하여 평균이나 분산 등을 조사할 때, 관찰의 대상이 되는 집단 전체(모집단)를 조사하는 것이 여러 가지 이유로 불가능할 경우가 많다. 이때 전체(모집단)에서 일부를 추출하여 그것을 조사함으로써 전체의 성질을 추정하는 방법을 취한다. 이런 경우 원래의 집단 전체를 모집단(population)이라 하고, 추출된 일부를 표본(sample)이라고 한다. 예를 들면, 서울시내 고등학생들의 폭력성에 대한 설문조사를 실시할 경우, 서울시내 고등학생 전체가 모집단이 되며, 이 설문조사를 위해 1,000명의 고등학생을 대표로 추출했다면, 이 1,000명이 표본이 된다.

* 발달(발전)이론:

발달이론(development theory)은 비행청소년의 어린 시절 경험도 중요하지만 어린아이가 청소년으로 성장하면서 경험하는 다양한 변화 또한 범죄의 원인으로 설명하는 이론이다. 갓프레드슨과 허쉬의 **자기통제이론**은 어릴 때 자기통제력의 결핍으로 문제행동을 보였던 아이가 청소년기와 성인에 이르기까지 지속적으로 문제행동과 비행, 범죄를 저지르게 된다고 보았다. 그러나 발달이론가들은 단순히 범죄 지속의 측면 이외에 그 아이가 어떻게 하여 더욱 심각한 범죄자로 발전하게 되는지를, 어떤 아이들은 어떤 이유로 비행을 중단한 후 평범한 아이로 성장하는지를 설명하고자 했다(이창한 외, 2012). 즉, 발달이론은 범죄자가 가지는 범죄성향이 평생 동안 지속되면서 변하지 않은 것이 아니라 결혼, 취업 등과 같은 인생의 전환점에서 거의 대부분의 사람들은 범죄를 그만두게 된다는 것이다. 발달이론에는 숀베리의 상호작용이론, 샘슨과 라웁의 연령-등급이론, 모피트의 이론이 대표적이다.

숀베리(Thornberry)는 비행의 원인을 청소년의 발달과정 중 연령에 따라 비행의 원인이 어떻게 다르게 작용하는가에 주목했다. 숀베리의 상호작용이론(interaction theory)에 따르면, 범죄와 비행의 원인은 양방향이다. 약한 유대는 아이들에게 비행을 저지른 친구관계를 발전시키고, 결국 비행에 참여하도록 유도하며, 빈번한 비행 참여는 다른 친구들과의 유대를 약화시키고 결국 관습적 유대관계를 재정립하기가 어려워진다는 것이다. 구체적으로, 그는 청소년기를 초기(11~13세), 중기(15~16세), 후기(18~20세)로 구분하였는데, 초기에는 상대적으로 가정에서 부모와의 유대가 비행에 매우 중요한 요인으로 작용하지만, 중기를 거쳐 후기에 이를수록 부모의 영향력은 감소하고 대신 친구의 영향력은 증대된다고 주장했다(Thornberry, 1987).

샘슨과 라웁(Sampson and Laub)은 1993년 『진행 중인 범죄(crime in the making)』에서 범죄 경력에 전환점이 있다는 사실을 파악했다. 샘슨과 라웁의 가장 중요한 공헌은 성인 위반자한테서 범죄를 중단하게끔 하는 삶의 사건을 찾아낸 것이다. 즉, 결혼과 직업을 통해 사회자본을 형성하는 것이 범죄를 중단하게 하는 요소가 될 수 있다는 것이다. 샘슨과 라웁의 연령-등급이론(age-graded theory)에 따르면, 비행은 비공식적 사회통제 혹은 유대의 결과라는 점을 강조했는데, 어려서 문제행동을 보였던 아이가 지속적으로 혹은 더 심각한 비행을 저지르게 되는 이유가 자신의 어린 시절 경험이 사회와의 유대를 약화시켰기 때문이라고 했다. 따라서 어려서 문제 성향을 보인 아이는 부모와의 유대가 약화되고, 학교에 적응하지 못하며, 친구들과의 교우관계도 원만치 못해 점차 비행청소년, 더 나아가 성인이 되어서도 범죄를 저지르게 된다고 보았다. 그러나 어려서 문제행동을 보였던 아이가 사회와의 유대가 회복되거나 강화될 경우, 더 이상 비행을 저지르지 않고 비행을 중단하게 된다고 보았다(Sampson & Laub, 1993). 따라서 어려서 문제 성향을 보였던 아이라 할지라도 사회유대의 약화 혹은 강화에 따라 비행청소년으로 발전하기도 하고 비행을 중단하여 정상인으로 되돌아가기도 한다는 것이다.

마지막 발달이론가인 모피트(Moffitt)의 주장에 따르면, 어린 시절 가정환경과 문제 성향을 청소년비행의 원인으로 파악했지만 그것과 청소년시기의 비행과의 관계 사이에 매개변인으로 작용하는 사회요인을 강조했다(Moffitt, 1993). 모피트는 비행청소년집단을 크게 두 부류로 나누어 설명했던 점이 갓프레드슨과 허쉬의 논의와는 달랐다. 그 하나는 어려서부터 문제 성향과 문제행동을 보인 소위 '초기진입자들(early-starters)'은 생애지속범죄자가 될 가능성이 높고, 폭력 등 심각한 비행을 저지를 가능성이 높다고 보았는데 이들은 비행청소년들 중 소수를 차지한다. 반면에, 대부분의 비행청소년이 포함되는 다른 부류는 어려서 문제 성향을 보이지 않은 '후기진입자들(late-starters)'로 이들은 청소년기에 부모의 감독미비나 비행친구에 노출됨으로써 모방 등을 통해 비행을 저지르는 한시적인 비행청소년들로 파악했다. 후기진입자들은 청소년기가 끝나는 시기에 또는 20대 후반이나 30대 초반에 비행이나 범죄를 그만두게 된다. 그러나 초기진입자들은 가족 기능 장애와 심각한 신경병적 문제가 겹쳐서 그들의 반사회적 행위 패턴이 사전에 정해지는 경향이 있으므로 평생 동안 범죄의 굴레에서 벗어나지 못하는 경향이 있다. 그들은 후기진입자들에 비해 자주 범죄행위를 저지르며, 보다 다양한 반사회적 행동을 저지르고, 정신병적 증세를 비롯해서 훨씬 많은 정신건강상의 문제를 보이는 특징을 지니고 있다.

＊ 사회유대이론:

사회유대이론(social bonding theory)의 기본 가정은 '개인과 사회 사이의 유대가 약하거나 깨졌을 때 범죄가 발생한다'(Hirschi, 1969)고 본다. 대부분의 범죄학자들은 범죄행위의 원인을 밝히기 위해 "대부분의 사람들은 범죄를 저지르지 않는데 반해, 왜 어떤 사람들은 범죄를 저지르며 그 이유는 무엇인가?"라는 의문을 가지고 연구를 시작한다.

그러나 사회통제이론(social control theory)을 주장하는 학자들은 "왜 사람들은 범죄를 저지르지 않는가?"라는 질문에 관심을 가진다. 사회통제이론의 대표적인 이론으로 알려진 사회유대이론의 창시자인 허쉬의 주장에 따르면, 모든 사람들은 잠재적인 범죄자이지만 자신의 불법행위로 인해 친구나 부모 등의 **원초집단**의 구성원들이나 학교와 직장 등에서 친하게 지내는 지인들과의 관계가 약화되거나 깨어지는 것을 두려워하기 때문에 범죄를 저지르지 않는다고 주장한다(Hirschi, 1969). 즉, 대부분의 사람들은 범죄를 저지르고 싶어도 **원초집단**에 속하는 부모, 친구, 학교 및 회사동료들이 실망할까봐 범죄를 저지르지 않고 법, 도덕, 사회적 관습, 주위의 평판 등을 해치지 않으며 건전하게 살아간다는 것이다. 이런 역할을 하는 힘이 바로 '사회통제(social control)'이며 허쉬의 사회유대이론에서는 '사회유대(social bonding)'이다. 사회유대이론은 애착(attachment), 관여(commitment), 참여(involvement), 신념(belief)이라는 네 가지 개념에 초점을 맞추어 범죄와 비행 및 일탈행동을 설명한다(Hirschi, 1969).

*** 사회(적) 자본 :**

사회적 자본(social capital)이란 사회적으로 연결된 사람들 사이에서 상호간의 호혜성에 바탕을 두고 거래되거나 교환되는 유용한 자원들을 말한다. 사회적 자본이라는 용어는 경제학자 루리(Loury)가 처음 사용하였으며, 부르디외(Bourdieu)에 의해 좀 더 연구가 체계화 되었다. 부르디외는 사회적 자본을 지속적인 연결망 또는 얼굴 정도만 서로 아는 정도의 사이라도 어떤 제도화된 틀 내에서 특정된 구성원이 되는 것으로 인해 얻을 수 있는 실제적이고 잠재적인 자원의 총합이라고 정의하였다. 물질적 자본은 재화처럼 생산설비 투자를 가능하게 하는 생산요소이고, 인적 자본은 지식이나 숙련의 형태로 인간의 두뇌와 근육에 내재되어 있는 생산요소라면, 사회적 자본은 사람들 간의 관계에 내재된 제3의 생산요소라고 볼 수 있다. 사회적 자본은 개인보다는 사회적 관계, 즉 개인과 개인이 결합한 조직이나 집단의 인간관계 속에서 존재한다. 이것은 인적 자본 혹은 물적 자본 등의 전통적 자본과 구분될 수 있으며 기업 자본의 효율성을 극대화시킬 수 있는 무형의 자원이라고 할 수 있다.

범죄학에서 사회적 자본은 샘슨(Sampson)과 라웁(Laub)의 발전이론에서 처음 소개되었는데 그들은 사회적 자본을 발전시키는 것이 범죄 중단에 상당히 중요하다고 보았다(Siegel, 2018). 경제적 자본을 형성하는 것이 개인적 성공의 기회를 높여 주는 것과 같은 방식으로 사회적 자본을 형성하는 것은 관습적 행위를 지지하고 비행행위를 억제한다. 예를 들면, 성공적인 결혼생활을 통해 그 사람의 능력이 향상되고, 스스로의 가치를 느끼게 되고, 다른 사람들이 그 사람을 신뢰하게 만들 때 성공적인 결혼은 사회적 자본이 된다(Siegel, 2018).

*** 사회해체론:**

사회해체론(social disorganization)은 1920~30년대에 시카고대학의 구조기능주의에 입각한 사회학자들이 도시범죄 및 비행연구를 하면서 시작되었다. 그 이후로 사회해체의 개념은 가족, 전체 사회에 적용되었지만 특별히 도시범죄와 비행에 주로 적용되었다(이창한 외, 2012).

사회해체론자들의 관찰에 따르면, 비행률은 하류층이 사는 도심지역 가까이에서 가장 높았고, 보다 부유한 지역으로 갈수록 낮아지는 사실을 발견했다. 이에 따라, 그들은 하류층 지역 내의 주거민들이 생물학적으로나 정신적으로 비정상적인 것이 결코 아니며, 오히려 그들의 범죄와 비행은 단순히 비정상적인 사회 환경에 대한 적절한 적응의 결과로 나타나는 부산물일 뿐이라고 주장했다. 이와 같은 환경하에서 범죄와 비행의 인습은 다음 세대로까지 전승된다. 그들은 산업화, 도시화, 현대화에 따른 변화가 전통적 사회질서와 가치의 사회적 통제를 약화시킴으로써 사회해체의 원인이 되는 것으로 이해했다. 사회해체론자들의 경험적 연구로 쇼(Shaw)와 맥케이(Mckay)는 생태학적 모델을 개발하여 시카고와 미국의 다른 도시의 청소년비행에 대한 광범위한 연구를 실시하였다. 그들의 연구에 따르면, 산업과 상업뿐만 아니라 중류층의 거주자들이 대도시로부터 교외 거주지역으로 빠져나감에 따라 도심은 더욱 궁핍, 쇠락 등의 사회해체를 경험한다는 사실을 발견했다(Shaw & Mckay, 1942). 이와 같은 사회해체의 경향은 높은 실업률, 사생아 출생률, 한부모 가족비율, 마약복용률, 폭행률 등을 특징으로 하는 극빈계층을 남기게 되었으며, 이 지역 거주민들의 체포, 유죄선고, 구금, 범죄와 비행의 공식적 비율이 대단히 높게 나타나는 결과를 초래했다는 것이다.

*** 사회화(과정):**

사회화(socialization)는 각 개인이 성장과정에서 복합적인 상호작용을 통해 자아와 인성(personality)을 형성해 가는 과정을 지칭한다. 사회화과정은 어린아이에게 특히 중요하지만 성인이라고 해서 이러한 과정에서 벗어나 있는 것은 아니다. 특히 오늘날처럼 생활양식과 사고방식이 급격히 변화하는 사회 환경 속에서 성인들 역시 감정적, 지적, 도덕적 변화를 겪을 수밖에 없다. 이런 의미에서 사회화란 인간이 세상에 태어나서 죽을 때까지 다른 사람들과 상호작용하면서 감정과 정서를 함양하고, 생존에 필요한 다양한 기술과 지식 등을 배우며, 욕구를 억제하고 또 사회적으로 충족시키는 규칙과 규범을 학습하는 복합적 과정이며, 이런 과정에서 서서히 자기 나름의 자아와 인성을 형성하거나 변화시켜 가는 전체적인 과정을 일컫는 말이다.

*** 상징적 상호작용(론):**

사회적 상호작용의 본질을 캐려는 이론이 상징적 상호작용론(symbolic interactionism)이다. 상징적 상호작용론에 따르면 인간의 사고능력은 사회적 상호작용에 의해 형성되며, 사회적 상호작용을 통하여 인간은 인간 고유의 사고능력을 행사하도록 해 주는 의미와 상징을 습득한다. 의미와 상징은 인간으로서 독특한 행위와 상호작용을 수행하도록 해주며 행위와 상호작용이 뒤얽혀 여러 유형의 집단과 사회를 구성한다는 것이다. 그 이름이 함축하듯이, 사람은 상징해석자인데, 사물이나 인간행동의 의미를 해석하는 힘이 인간의 가장 핵심적이고 두드러진 특성이다. 이 이론의 창시자 가운데 한 사람인 미드(Mead)에 따르면, 사람에게는 특수한 자질이 있는데, 그것은 마음을 지녔다는 사실이다. 마음은 주변의 대상물이나 상징(symbol)을 부여함으로써 의미를 찾고, 언어라는 의사소통의 상징적 수단을 이용하고 추상적 상징을 해석할 능력을 지닌다고 보았다. 그런데 마음의 힘은 사람이 사회집단 속에 태어나서 다른 사람들과 상호작용함으로써 자아를 형성할 때에 비로소 활성화된다. 미드의 이론은 그의 제자 블루머(Herbert Blumer)에 의해 체계화되었는데, 블루머는 행위자로서의 인간은 그가 행위를 지향하는 사물 또는 대상을 스스로에게 지적해 준다. 이때 지적하는 일 그 자체는 행위자 스스로가 자신 속에서 자신과 상호작용하는 내재화된 사회과정이라는 생각이 미드의 마음과 자아개념과 일맥상통한다. 상징적 상호작용론에서 보는 사회질서란 상호작용하는 개인들 사이에서 주고받는 말과 행동의 의미를 개인들이 어떻게 해석하며 그러한 해석에 따라 다음 행동을 어떻게 하는가에 달린 것이다.

(George Herbert Mead : 1863-1931)

(Herbert Blumer : 1900-1987)

범죄학에서 상징적 상호작용론은 고프만의 '낙인(stigma)'에서 출발한다. 즉, 미드와 쿨리의 자아개념은 고프만의 낙인(stigma)으로 계승되어 현대 **낙인이론**가들의 이론적 토대가 되었다. **낙인이론**에서 인간은 평생 다른 사람과의 상호작용을 통하여 다양한 사회적 낙인과 방식을 주고받게 된다고 보았다. 사회적 낙인은 긍정적 낙인과 부정적 낙인으로 구별되는데, 사람들이 자신을 단정하고 정직하다고 평가하면 자신은 사람들의 기대에 부응해 자신 스스로 단정하고 정직한 행위를 할 가능성이 높다. 반면에 사람들이 자신을 '나쁜 사람'이란 부정적 낙인을 찍으면 이런 낙인을 받은 사람은 범죄행동에 참여할 가능성이 높은 것이다. **낙인이론**가들은 이렇게 낙인이 가시화되고 심각해지면 사람들은 점차 일탈 경력자가 되어간다고 보았다. 낙인을 받게 된 사람은 비슷하게 낙인 받은 사람과 서로 의지하면서 동료관계를 맺게 되고 결국 관습적 사회로부터 고립되어 일탈 경력자가 되는 것이다(Siegel, 2018).

(Erving Goffman : 1922-1982) (Charles Horton Cooley: 1864-1929)

* 생태학적 오류 :

생태학적 오류란 집단을 분석단위로 하여 얻은 연구결과를 개인에게 적용함으로써 발생하는 오류를 말한다. 예를 들면, 흑인 인구가 많은 지역이 적은 지역보다 범죄율이 높다는 점을 발견했을 때, 범죄율이 높은 지역에서 실제로 흑인들이 범죄를 저질렀는지 우리는 알지 못한다. 또 다른 예로, 명문대학을 많이 보내는 특정 고등학교에 입학하면 그 자신도 명문대학에 갈 수 있다는 착각에 사로잡히는 것이 생태학적 오류이다. 뒤르켐의 자살론에서도 자살률이 가톨릭 국가보다 개신교 국가에서 높다는 점을 발견했을 때도, 실제로 가톨릭 교도보다 개신교도들이 더 많이 자살했는지 우리는 알 수 없다. 이처럼 흑인밀집지역에 거주하는 흑인은 범죄를 저지를 가능성이 높다든지, 특정고등학교에 입학한 학생은 명문대에 입학할 수 있다든지, 성당에 다니는 가톨릭교도는 자살률이 높다고 단정짓는 것이 생태학적 오류이다.

* 아노미:

아노미(anomie)는 사회의 존속을 가능하게 하는 사회규범이 붕괴된 상태를 말한다. 즉, 사회적 혼란으로 인해 규범이 사라지고 가치관이 붕괴되면서 나타나는 사회적, 개인적 불안정 상태를 말하는데, 규범이 더 이상 행동을 규제하는데 효과적이지 않은 사회의 상태 또는 조건을 의미한다. 머튼(Merton)은 그의 **아노미이론**에서 아노미를 가치 있는 문화적 목표와 그 목표에 이르는 적법한 사회적 수단 사이에 괴리가 존재할 때 나타나는 사회적 모순의 한 형태로 파악하였다(Merton, 1957). 아노미 상태에 빠지면 삶의 가치와 목적의식을 잃고, 심한 무력감과 자포자기에 빠지며 심하면 자살까지 하게 되는 현상이 발생한다. 이는 급격한 사회변동의 산물이며, 그 결과 인간은 관습적 윤리성에 대한 자신의 유대를 상실하게 되고, 이는 사회적 통제를 약화시켜서 일탈행위를 증대시키게 된다.

(Robert K. Merton : 1910-2003)

*** 아노미이론 / 긴장이론:**

아노미(anomie)는 무규범상태, 즉 사회통합의 결여를 말한다. 현대 사회는 사회통합력이 약화되어 구성원의 감정에 대한 억제력이 상실되고 무규범에 가까운 상태가 되었다. 머튼(Merton)은 이런 상태가 바로 범죄를 유발하는 원인이 된다고 보았다(Merton, 1957). 이 이론은 미국 범죄학에서 발달된 '아노미이론'의 실질적인 모티브가 되었다. 아노미이론(anomie theory)은 미국 사회의 높은 범죄율과 도시의 하층주거지역의 범죄집중 현상을 잘 설명하는 이론으로 뒤르켐(Durkheim)의 자살연구에서 그 이론적 뿌리를 두고 있다(이창한 외, 2012). 머튼(Merton)은 뒤르켐의 자살연구의 접근방식을 현대 산업사회, 특히 미국의 상황에 적용하였기 때문에 이 이론의 창시자로 평가받고 있다. 머튼은 뒤르켐과 같이 목적(goals)과 수단(means) 간의 관계가 일탈의 사회적 원천을 이해하는데 매우 중요하다고 주장했다. 머튼에 따르면 사회구성원이 문화적으로 규정하고 있는 제도적 수단을 사용하여 문화적 목표를 달성할 수 있을 때에 사회는 잘 조직되어 있다고 할 수 있으나 사회란 항상 잘 조직되어 있는 것은 아니라고 보았다. 즉 사회구성원들의 목적과 수단 간의 불일치로 인해 범죄가 발생한다고 보았다. 그는 목적과 수단의 수용(acceptance)과 거부(rejection)에 기초하여 다음과 같은 5가지의 분류표를 제시하였다.

(Emile Durkheim : 1858-1917)

*** 머튼의 아노미이론**

유 형	문화적 목표	제도적 수단	범죄 유형
동조형(conformity)	+	+	대부분의 일반인, 비범죄자
혁신형(innovation)	+	−	대부분의 범죄(특히 절도, 재산범죄)
의례형(ritualism)	−	+	하위직 공무원들의 행태
도피형(retreatism)	−	−	부랑아, 마약중독자
혁명형(rebellion)	±	±	혁명가, 체제비판 선동가들의 행위

① 동조형

동조형은 문화적인 목표를 받아들이고 일탈을 향한 조직의 압력에도 불구하고 합법적 수단을 고수하는 유형의 사람들이다.

② 혁신형

혁신형은 성공하기 위해 가장 기술적으로 편리한 불법적인 수단을 사용한다. 대부분의 범죄와 비행, 특히 이기적인 범죄는 주로 이 방식에 따른 것이다. 예를 들면, 경제적 이익을 위해 마약상인은 합법적인 수단을 통한 부와 사회적 지위를 얻을 수 없다고 인식하고, 불법적으로 마약을 팔아 성공을 꾀하려 한다. 이 부류에 속하는 사람은 주로 하류층인데 그들이 범죄를 저지르는 이유는 출세를 위해 그들이 합법적인 기회에 접근하기 힘들다고 생각하기 때문이다.

③ 의례형

의례형은 문화적 성공목표를 포기하는 목표약화의 심리적 과정과 관련되어 있다. 의례형은 실현 가능한 것만 얻으려 하기 때문에 합법적 수단을 사용한다. 예를 들면, 관료조직 내에서 낮은 지위의 하위 공무원들은 더 이상 출세하려고 노력하지 않고 단지 매일 일하러 와서 자신의 일에만 몰두하는 경향이 강하다.

④ 도피형

도피형은 문화적 목표와 그것을 달성하기 위한 제도적 수단을 모두 거부하지만 다른 대안으로 대체하지도 않는 부류다. 도피형의 예로 부랑자, 알코올중독자, 약물중독자 등이 있다. 도피형은 그들의 내적인 억제로 인하여 불법적인 수단을 사용하지 못하고, 그에 따른 갈등으로 인해 문화적 목표와 제도적 수단을 모두 포기하는 유형이다.

⑤ 반역형

이 유형은 도피형처럼 문화적 목표와 합법적 수단을 모두 거부하지만 도피형과는 달리 새로운 목표와 수단을 주장한다. 머튼은 반역형을 개인적인 활동이라기보다는 집단적인 활동으로 보았다. 문화적으로 유인된 목표를 달성하는데 기존체계가 장애가 된다고 판단될 때 반역형이 된다. 대표적인 반역형으로 혁명가, 체재선동가 등을 들 수 있다.

*** 억제이론:**

억제이론(Deterrence Theory)을 발전시킨 학자들은 현대 인간행동과학의 지식을 바탕으로 고전학파의 주장대로 형벌이 확실하게 집행될수록(확실성), 형벌의 정도가 엄격할수록(엄격성), 형벌 집행이 범죄발생 이후에 신속하게 처리될수록(신속성) 사람들이 형벌에 대한 두려움을 더 느끼고 이에 따라 범죄를 자제하는 것으로 보았다(이창한, 외, 2012). 고전주의 학파에 기반을 둔 억제이론에 따르면, 인간은 누구나 쾌락을 추구하고 고통을 피하려 한다. 합리적인 인간은 자신의 행위의 결과로 처벌이라는 고통이 있을 것으로 판단되면 범죄를 저지르지 않을 것으로 파악했다. 따라서 억제이론에서는 처벌을 강화함으로써 범죄를 저지할 수 있을 것으로 본다. 이는 범죄자에게 가혹한 처벌을 내림으로써 다시는 범죄를 하지 못하도록 할 수도 있고(특수억제효과), 처벌의 고통을 일반인들에게 알림으로써 잠재적 범죄자의 범죄를 사전에 억제, 예방할 수 있다고 보았다(일반억제효과). 억제이론가들은 형벌의 엄격성과 확실성이 어느 정도 범죄억제효과가 있는지를 실증적으로 분석하기 위해, 깁스(Gibbs)와 티틀(Tittle)이 실시한 '집단비교분석법', 로스(Ross)가 실시한 '시계열분석법', 형벌에 대한 인지수준과 범죄행위와의 관계를 직접 분석하는 방법 등을 사용했다. 억제이론의 연구결과에 따르면, 형벌의 신속성에 대한 억제효과는 측정상의 어려움으로 고려하기 어렵지만, 형벌의 엄격성은 살인범죄 억제에만 효과가 있는 것으로 나타났으며, 형벌의 확실성은 모든 범죄에 매우 중요한 영향을 미치는 것으로 나타났다.

*** 원초집단 & 이차집단:**

원초집단(primary group)은 쿨리(Cooley)가 소개한 개념으로 친밀한 면접적 공동생활과 협동을 특징으로 지닌 집단으로 일차집단으로 불리기도 한다. 예를 들면, 현대사회에서 가족, 친한 친구집단, 또래집단, 마을공동체 등이 원초집단의 대표적 예이다. 원초집단의 특성으로는 첫째, 집단목표적 측면이 있어야 한다. 그래서 원초적인 상호작용에 참여하는 이유는 그들이 이 상호작용 자체를 즐기기 때문이다. 둘째, 상호작용과 근접성이 있어야 한다. 원초집단이 존속되기 위해서는 의사소통의 길이 열려 있어야 하고, 물리적인 근접성이 있어야 한다. 셋째, 집단규범이 존재해야 한다. 즉, 그 집단의 독특한 규범이 있어야 하고 문화와 부분문화를 전승하고 사회화시키는 역할을 해야 한다. 넷째, 집단의 구실이 존재해야 한다. 이것은 '우리집단'이라는 느낌에 기초한 것이며, 그런 느낌을 갖기 위해서는 구성원들 사이의 상호원조와 지원이 필요하다. 다섯째, 사회통제가 가능해야 한다. 원초집단은 규범을 사회화시키고, 집행하기도 한다. 즉, 끊임없는 미소와 찬사를 통해 적극적인 후원을 하기도 하고 찡그리고, 야단치는 소극적, 부정적 제재를 가하기도 한다. 이런 원초집단은 인간의 삶이 시작된 이래로 계속해서 존재해 왔고 없어서는 안 되는 중요한 집단이다. 오늘날 이 원초집단은 한 개인의 사회화를 담당하는 일차적 책임을 지고 있으며 그 속에서 개인은 자아정체감과 건전한 사회화를 배양할 수 있다.

원초집단과 상반되는 개념으로 이차집단이 있다. 이차집단에서 사람들의 관계는 형식적으로 형성된다. 얼굴을 대면하는 기회가 제한되거나 혹은 거의 없기도 하며 서로의 이해관계에 의해 특정 역할과 목표를 갖고 관계를 맺는다. 이차집단에서 사람들은 개인적으로 서로에 대해 잘 알지 못하거나 관계를 가진다 하더라도 형식적인 수준에 머무르는 게 보통이다. 원초집단과 이차집단의 구분점은 원초집단의 성격에 부합하지 않는 모든 집단은 이차집단에 속한다. 특히 법적인 관계나 계약관계를 통해 개인들이 공식적인 관계를 맺게 되는 직업집단 같은 집단과 단체를 가리킨다. 이차집단의 대표적인 예로 학교, 회사, 정당, 각종 단체 등이 있다. 독일의 사회학자 퇴니스(Tönnies)는 현대 사회가 게마인샤프트(Gemeinschaft)인 원초집단에서 게젤샤프트(Gesellschaft)인 이차집단으로 변화되어간다는 사실을 지적하기도 했다. 현대사회에서 사회구성원들은 많은 시간을 이차집단에서 보내게 되고, 원초집단 또는 일차집단과의 관계는 약화되기 때문에, 긴장이나 스트레스로 인한 각종 질환이 많이 발생하기도 한다.

(Ferdinand Tönnies : 1855-1936)

* 일반긴장이론:

애그뉴(Agenw)의 일반긴장이론(general strain theory)은 **머튼**(Merton)**의 아노미이론**에 그 이론적 뿌리를 두고 있다. 즉, 현대사회에서 사회통합력이 약화되면 구성원의 감정에 대한 억제력이 상실되고 무규범에 가까운 상태가 되는데 이때 각종 유형의 범죄가 발생한다고 머튼은 주장했다. 애그뉴는 이런 머튼의 아노미상태를 개인적 수준의 긴장으로 끌어내려 범죄발생의 원인을 설명했다. 원래 머튼의 아노미이론은 범죄의 원인을 개인수준이 아닌 아노미상태라는 사회구조적 요인으로 파악했기 때문에 거시적 범죄이론으로 분류된다. 그러나 애그뉴는 범죄의 원인을 거시적 수준이 아닌 개인이 받는 긴장 및 스트레스라는 개인적 수준으로 끌어내려 분석했기 때문에 미시적, 개인환경적 범죄이론으로서의 일반긴장이론을 주장했다. 즉, 문화적 목표와 제도적 수단의 불일치로 발생하는 아노미라는 개념을 개인적 수준에서 기대와 가능성 간의 괴리로 인한 긴장 및 스트레스로 대치했기 때문에 사회심리학적, 개인환경적 범죄이론으로 취급되고 있다. 애그뉴는 1992년에 머튼의 아노미이론을 수정 보완한 범죄와 비행의 일반긴장이론을 제시하였다(Agnew, 1992). 애그뉴는 범죄발생의 원인으로 첫째, 목표달성의 실패, 둘째, 긍정적 자극의 소멸, 셋째, 부정적 자극의 발생을 제시했다. 애그뉴의 주장에 따르면, 스트레스 및 긴장(strain)의 유형은 모두 다르지만 범죄와 비행은 모두 스트레스의 결과로 파악한다. 스트레스나 긴장이 발생하면 이를 해소하기 위해 범죄행위를 한다는 것이다. 즉, 인간은 여러 긴장요인으로 화, 우울감, 절망감 등의 부정적 감정을 경험하게 되며, 그러한 부정적 감정을 해소하기 위해 범죄 및 비행을 저지른다는 것이다(Agnew, 1992).

(Robert F. Agnew : 1953-현재)

* 일반화된 타자:

일반화된 타자(generalized others)는 미국의 사회학자 미드(Mead)의 자아이론의 중심 개념 중 하나로 사람들은 자신이 속한 사회의 가치와 문화에 따라 행동하며 이때 자아에 반영된 일반적인 타인의 모습을 일반화된 타자라고 한다. 일반화된 타자는 사회의 일반적인 기대나 가치가 각 사람의 마음속에 내면화되어 있으며 사회 전반의 공통된 기대, 태도, 표준의 집합체라고 할 수 있다. 만약 어떤 사람이 사회구성원들의 행위표준이 되는 가치, 태도, 도덕성과 배치되는 행동을 취한다면 이는 일탈행위(deviant behavior)로 간주된다. 따라서 사람들은 사회구성원들과 상징적 상호작용을 통해 일반화된 타자의 행위표본을 학습하게 되는데 사회구성원이 바람직한 행위로 규정하는 대로 자신의 가치관과 행동을 학습을 통해 발달해 나간다.

*** 자기통제이론:**

1990년에 허쉬는 통제이론으로서의 전통적 사회유대이론에서 벗어나 갓프레드슨과 함께 통제의 한 유형인 자기통제에 근거한 이론을 제안하였다(Gottfredson & Hirschi, 1990). 이 이론에 따르면, 자기통제력이 낮은 사람은 범죄를 저지를 가능성이 높은 데 비해, 자기통제력이 높은 사람은 평생을 살면서 범죄를 저지를 가능성이 낮다고 설명한다. 모든 범죄행위의 가능성은 낮은 자기통제력(low self-control) 때문으로 주장했다. 낮은 자기통제력은 모든 범죄유형에 발견되는데 특히 어릴 때 가정에서의 부적절한 사회화의 결과로 나타난다고 주장했다. 어린 시절 가정에서 부모가 자녀의 비행행위를 알지 못하거나, 알더라도 적절한 처벌을 하지 않을 때 자녀의 낮은 자기통제력이 생성된다는 것이다(Gottfredson & Hirschi, 1990). 이렇게 형성된 낮은 자기통제력은 일생동안 지속되며, 어떤 다른 환경이나 제도에 의해 영향을 받지 않고 한 사람의 일생을 좌우한다. 또한, 자기통제는 학교, 직장, 결혼생활 등에서 한 개인의 사회능력이나 작업수행능력에 영향을 주기도 한다. 낮은 자기통제력을 가진 사람은 모든 유형의 범죄를 저지를 가능성이 높으며 학교, 직장, 결혼생활에 실패할 가능성이 높다(Gottfredson & Hirschi, 1990). 그들은 낮은 자기통제력이 경험적으로 어떻게 측정되어야 하는지 설명하지 않았지만, 동료연구자들이 낮은 자기통제력의 6가지 구성요소를 개발했다(Grasmick et al., 1993). 자기통제가 낮은 사람들은 ① 만족감을 늦추기가 어려우며(impulsivity), ② 부지런하고 집요함이 부족하여 단순작업을 선호하며(simple tasks), ③ 모험적이고 위험하게 보이는 것을 선호하며(risk-seeking), ④ 인지적인 또는 정신적인 활동보다는 육체적인 활동은 선호하는 경향이 강하며(physical activities), ⑤ 타인의 고통에 무감각한 자기중심성이 강하며(self-centered), ⑥ 화, 분노, 원망 등을 물리적 폭력을 통해 표출하는 경향이 강하다(temper). 갓프레드슨과 허쉬는 이 6가지 구성요소를 '범죄일반이론(a general theory of crime)' 이란 저서를 통해 좀 더 상세하게 설명했다(Gottfredson & Hirschi, 1990).

*** 조작적 정의:**

조작적 정의(operational definition)는 추상적 개념을 현실세계에서 구체적으로 측정 가능하고, 검증가능한 개념으로 바꾼 것을 말하며, 이렇게 바꾸는 과정을 '조작화(operationalization)'라고 한다. 사회과학이 과학이 되기 위해서는 어떤 가설이 현실 세계에서 경험적으로 검증가능해야 한다. 검증가능하지 않는 가설은 과학으로서의 가치를 잃는다. 이렇게 검증가능하게 만든 정의를 조작적 정의라 한다. 예를 들면, 범죄학의 합리화(중화)이론(neutralization theory)에서 '범죄의 합리화를 잘하면 잘할수록 재범가능성은 높아진다'는 가설을 가정해보자. 여기서 합리화는 추상적 개념이다. 이 추상적 개념을 현실세계에서 측정

가능한 개념으로 바꾸어야 한다. 따라서 합리화라는 추상적 개념을 약 3가지 정도의 다음과 같은 조작적 정의로 바꿀 수 있다. ① "(절도, 약물남용, 강도, 성폭력 등의) 범죄를 스스로 통제할 수 있는 사람이라면 그런 범죄를 저질러도 괜찮다." ② "(절도, 약물남용, 강도, 성폭력 등의) 범죄에 대한 주위의 유혹이 너무 강하기 때문에 그런 범죄를 저지르는 사람들을 비난해서는 안 된다." ③ "일반적으로 (절도, 약물남용, 강도, 성폭력 등의) 범죄는 나쁜 것이지만 특별한 상황에 있는 사람은 그런 범죄를 저질러도 된다." 등의 조작적 정의를 범죄의 합리화라는 개념을 측정하는 도구로 사용할 수 있다.

또 다른 예로 사회학에서는 '소외(isolation)'라는 개념을 자주 사용한다. 소외 또한 추상적 개념이다. 이 추상적 개념을 경험적으로 검증가능한 개념으로 바꾸어야 한다. 일반적으로 소외는 '무기력감', '무의미', '무규범', '고립', '자기소외'라는 다섯 가지 하부개념을 포함한다. 무기력감은 "매사에 힘이 없고 살아가는 게 힘들다", 무의미는 "내가 왜 사는지 모르겠다", 무규범은 "세상의 도덕, 법, 규범은 나에게 중요하지 않다", 고립은 "친구들은 내가 요즘 어떻게 지내는지 모른다", 자기소외는 "나는 친구들과 함께 있어도 혼자라는 느낌이 든다", 라는 경험적으로 검증가능한 개념으로 바꿀 수 있다. 응답자들은 이런 다섯 가지 질문에 대해 1) 매우 그렇다, 2) 그렇다, 3) 보통이다, 4) 그렇지 않다, 5) 매우 그렇지 않다 라는 선택지 중에서 한 가지를 선택할 수 있으며 이렇게 다섯 가지로 바뀐 개념을 소외의 조작적 정의라고 한다.

*** 조작적 조건화:**

조작적 조건화(operant conditioning)는 일명 '도구적 조건화(instrumental conditioning)'로 명명되기도 한다. 조작적 조건화에서 사람들은 강화(reinforcements)를 통해 혹은 보상(rewards)과 처벌(punishment)을 통해 행동을 학습한다. 즉 어떤 행동에 따른 보상이 증가하고 처벌이 감소된다면, 그 행동을 하는 빈도는 증가한다. 예를 들면, 절도범이 편의점을 털어 얻을 수 있는 경제적, 정신적 이득(성취감, 짜릿함)이 경찰에 발각될 확률보다 높다고 생각할 때 절도범죄를 저지르게 된다(차별적 강화). 그리고 실제로 절도에 성공했다면 조작적 조건화과정을 통해 다음에 또다시 그런 유형의 절도를 할 가능성이 높아진다. 이때, 절도범은 절도에 대한 차별적 정의, 즉, "절도를 하는 것은 절대 나쁜 일이 아니다." "정치인들도 화이트칼라범죄를 저지르는데 내가 절도를 한다고 해서 비난해서는 안 된다" 등의 합리화를 통해 절도에 대한 우호적인 생각을 갖게 된다(차별적 정의). 절도로 인해 얻을 수 있는 경제적 이득이 경찰에 적발될 확률보다 훨씬 높기 때문에(차별적 강화) 절도를 반복하게 되는 것이다. 이런 일련의 과정에서 조작적 조건화과정이 작동하여 절도범죄를 저지르게 되는 것이다.

*** 종단(적) 연구/횡단(적) 연구:**

종단연구(longitudinal study)는 동일한 현상을 동일한 대상에 대해 반복적으로 측정하는 조사방법인데 이때 사용되는 자료(data)를 종단자료(longitudinal data)라 한다. 종단조사에는 패널조사(panel study), 추세조사(trend study), 그리고 코호트조사(cohort study)가 있다. 패널조사는 특정

조사대상을 사전에 선정하고 이들을 대상으로 반복조사를 실시하는 방법으로서 청소년정책연구원에서 2003-2008년까지 시행한 한국청소년패널조사와 2010년에 다시 시작한 아동청소년패널조사가 종단연구의 대표적 사례이다. 구체적으로, 2003년에 한국청소년정책연구원은 교육통계연보에 나타난 전국(제주도는 제외)의 초등학교 4학년과 중학교 2학년을 표본추출하여 중학교 2학년의 경우, 전국에서 3,449명을 표본으로 선정하여 청소년패널자료를 수집하였다. 2차년도인 2004년에는 일차년도에 표본으로 선정된 3,449명을 추적하여 개별면접한 결과 3,188명을 조사하였고 같은 방법으로 3차년도에는 3,125명, 4차년도에는 3,121명, 5차년도에는 2,967명을 조사하여 청소년의 학교생활, 사회생활, 비행 및 범죄, 자아존중감 등을 전반적으로 조사한 것이 우리나라에서 실시된 전국단위의 종단연구의 대표적 사례이다.

추세조사는 다른 시점의 반복측정을 통해 얻은 시계열자료를 이용하는 조사이다. 예를 들면, 시대에 따른 대한민국 20대 여성들의 결혼관을 조사한다고 가정할 때, 1980년, 1990년, 2000년, 2010년 대한민국 20대 여성들의 결혼관을 조사하고, 그 결과를 시대별로 비교 분석하는 방법이다, 마지막으로 코호트조사는 특정시기에 특정경험을 같이 하는 사람들에 대하여 어떤 특성을 두 번 이상의 다른 시기에 걸쳐 비교 연구하는 접근방법이다. 예를 들면, 2000년에 베이비부머 세대들의 집권 여당에 대한 지지도와 2010년 그들이 여당에 대해 생각하는 지지도를 비교 · 분석하는 방법이 대표적 예이다.

이런 종단연구와 반대되는 조사로는 횡단연구(cross-sectional study)가 있다. 횡단연구는 특정시점에서의 집단 간 차이를 연구하는 방법으로 연구자가 특정한 시점에서 단 한 번의 조사로 연구목적을 달성하는 조사방법이다. 예를 들면, 한국청소년들의 비행 및 범죄행위를 조사하기 위해 연구자가 전국 청소년들을 대상으로 어떤 특정한 시점에 한 번의 조사로 연구결과를 도출해 내는 방법이다. 일반적으로 대부분의 사회여론조사는 횡단조사에 속한다. 사회조사방법에서 종단연구보다는 횡단연구가 대부분을 차지하는 이유는 조사를 위한 시간과 비용이 적게 들기 때문이다. 예를 들면, 한국청소년패널조사와 같은 종단연구는 최소한 몇 년 이상이 소요되며, 첫 번째 표본으로 선정된 청소년을 두 번째 조사부터는 일대일로 찾아가서 조사해야 하기 때문에 상당한 시간과 비용이 투입된다. 따라서 정부의 재정적 지원으로 시행하는 한국청소년패널조사나 노동패널조사 등과 같은 국가적 차원의 조사가 아닌 이상 대부분의 사회여론연구는 횡단조사로 시행될 수밖에 없는 실정이다.

*** 준거집단:**

준거집단(reference group)은 한 개인의 신념, 가치, 행동방향 등을 결정하는데 기준이 되는 사회집단을 말한다. 어떤 사람이나 집단이 나의 판단 및 가치의 기준이 된다면 그 사람들이나 집단은 나의 준거집단이 된다. 예를 들면, 어떤 청소년의 장래 희망이나 꼭 성취하고자 하는 직업이 경찰이라면 경찰집단이 그 청소년의 준거집단이 되는 것이다. 경찰을 준거집단으로 삼은 그 청소년은 경찰의 활동과 관련된 대중매체나 SNS 등을 평소 자주 접하면서 자신의 장래 희망을 더 다져 나가게 될 것이다. 반대로 어떤 청소년이 조직폭력배 두목의 언행에 매료되어 성인이 되면 반드시 조직폭력배의 일원이 될 것이라고 다짐한다면 그 청소년의 준거집단은 조직폭력배 집단이 될 것이다. 그 청소년은 평소에 조직폭력배 두목의 행동이나 말투, 신념 등을 따라 하면서 각 종 비행이나 범죄를 저지를 가능성이 높아진다. 그러므로 준거집단은 반드시 법 순응적인 집단이나 사람이 될 필요는 없다. 법 위반적인 사람이나 집단이 준거집단이 될 수도 있다.

준거집단은 자신의 현재 소속한 집단과 일치하는 경우도 있으나 반드시 그 집단의 구성원이 될 필요는 없다. 준거집단은 개인의 행위에 많은 영향을 미친다. 그러므로 준거집단의 구성원이 자신의 롤모델(role model)로 삼는 경우가 많다. 준거집단과 소속집단이 일치할 경우 개인은 자존감과 만족감이 높아지고 삶에 대한 만족도가 높아지지만 일치하지 않을 경우 집단에 대한 불만족과 상대적 박탈감이 생기게 된다. 위의 예에서처럼 경찰을 자신의 준거집단으로 삼은 청소년이 경찰시험에 합격하여 경찰이 된다면 경찰조직에 대해 자존감과 만족감이 높아지지만, 만약 경찰이 되지 못한다면 오히려 경찰조직을 불신하거나 자신의 신세를 한탄할 가능성이 높아진다.

＊ 중비행 & 경비행:

청소년비행은 크게 청소년 경비행과 중비행으로 나눌 수 있다. 경비행은 청소년시기에 가볍게 저지를 수 있는 비행으로 지위비행이 주로 경비행에 속한다. 즉, 음주, 흡연비행, 무단결석, 가출, 시험부정행위 등이 경비행 또는 지위비행에 속하며, 중비행은 법을 어겼을 경우, 대체적으로 처벌을 받는 비행을 의미한다. 중비행에는 조롱하기, 집단따돌림(왕따), 패싸움, 구타, (돈, 물건) 삥뜯기, (돈, 물건) 훔치기, 성관계, 성폭력이나 성희롱 등이 이에 속한다(황성현 · 이강훈, 2013).

*** 중요한 타자:**

중요한 타자(significant others)는 자신의 자아평가에서 가장 중요한 역할을 하는 사람들을 말한다. 일반적으로 취학 전 아동기에 중요한 타자는 부모가 되며, 청소년기에 중요한 타자는 부모나 담임선생님, 또는 가장 친한 친구(집단)가 된다. 따라서 중요한 타자는 인간의 사회화과정에서 매우 중요한 영향력을 행사하는 사람들을 의미한다.

*** 중화적 정의:**

중화적 정의(neutralizing definitions)는 '모든 사람은 나쁜 일을 한다', '나는 원래 그런 놈이야', '나는 잘못이 없어', '나는 책임이 없어', '술을 마셔서 전혀 기억이 나지 않아', '그는 벌 받을 만해', 등과 같이 피해자에 대한 변명과 정당화에 대한 신념을 말한다.

*** 지위비행:**

지위비행은 음주, 흡연, 가출, 무단결석 등 일반 성인에게는 허용되는 행위이나 청소년의 사회적 지위나 신분에 걸맞지 않은 행동을 하는 것을 의미한다. 김준호와 이동원은 청소년의 비행유형을 지위비행, 음란물비행, 성비행, 약물비행, 재산비행, 폭력비행으로 구분하고 이 중 지위비행이란 법률상으로 위법행동은 아니나 청소년이라는 지위에 걸맞지 않은 문제행위를 의미하며, 가출, 커닝, 무단결석, 음주, 흡연 등이 여기에 속한다고 주장하였다(김준호 · 이동원, 1996).

* 합리적 선택이론:

합리적 선택이론(rational choice theory)은 경제학의 합리적 인간관에 기초하는 이론인데, 모든 인간은 합리적인 자기의지에 의해서 자신의 행동을 결정한다고 보는 이론이다(이창한 외, 2012). 이 이론에 따르면, 범죄자는 자신의 개인적 사정과 주위의 상황적 요인들을 동시에 고려하여 범죄를 저지르는 것이 그렇지 않은 경우보다 더 이익이 된다고 판단할 때 범죄행동을 실행하게 된다. 또한 범죄자는 범죄행위에 착수하기에 앞서 범죄행위로 인한 사회적 파장이나 범죄를 통해 얻을 수 있는 이익, 형사사법기관에 적발될 가능성, 처벌의 종류와 내용, 정도 등을 판단한다. 구체적으로 범죄자는 첫째, 합리적 선택을 하는데 있어 대상범죄의 특성과 범죄자 스스로의 특성을 고려한다. 예를 들어, ① 대상범죄의 특성을 고려할 때, 주거침입절도를 합리적으로 결정하는 데에는 범행대상 주거지의 경제적 가치, 도주차량 이용, 경찰에 체포될 가능성 등을 고려한다. ② 범죄자 자신의 특성을 고려할 때, 자신이 가진 범행기술, 범행동기, 욕구, 두려움 등 성공적 범행을 위한 전제조건 등을 고려한다. 둘째, 범죄자는 범죄를 결정하는데 경제적 기회, 학습과 경험, 범죄기술의 지식 등을 고려한다. ① 경제적 기회의 고려는 정상적인 경제활동의 기회에 비해 범죄를 통해 얻을 수 있는 기회가 더 경제적으로 이익이 된다면 범죄를 결정하는데 결정적이다. 또한 범죄는 손실이 적은 반면 많은 이익이 생긴다는 확신이 들면 훨씬 더 매력적이다. ② 학습과 경험의 고려는 경력범죄자가 언제 범행기회가 생기고, 언제 조심해야 하는지를 아는 것으로서, 그동안의 범죄학습과 범죄경험에 따른 것이며, 이것은 범죄의 합리적 선택에 중요한 요인이 된다. ③ 범죄기술의 지식의 고려에서, 범죄자는 발각되지 않는 기술을 배우는데, 이는 합리적 사고와 계획을 결정하는데 도움을 준다. 셋째, 범죄자가 합리적으로 범죄를 결정하는 데에는 범죄의 유형, 범죄의 시간과 장소, 범행의 대상을 고려한다는 것이다.

참고문헌

[국내문헌]

- 고순청 · 이승현 · 이창한. (2018). 친구와의 차별적 접촉이 청소년범죄에 미치는 영향, *한국공안행정학회보*, 27(2), 11–34.
- 고순청 · 이승현 · 이창한. (2019). 청소년 약물사용 발달궤적 분석: 잠재성장 모형을 중심으로. *한국공안행정학회보*, 28(2), 215–238.
- 김준호 · 노성호 · 고경임 · 최원기 (1989). 청소년비행의 원인에 관한 연구: 공부압력을 중심으로. *한국형사정책연구원*.
- 김준호 · 이동원. (1996). 한국의 청소년 비행척도 개발에 관한 연구. *한국형사정책연구원*.
- 김지혜. (2005). 가출청소년의 비행화과정 연구. *서울대학교 박사학위논문*.
- 김희영 · 권혜진 · 김경희 · 김수강 · 염순교 (2005). 중학생의 지위비행경험에 영향을 미치는 예측요인에 관한 연구. *청소년학연구*, 12(2), 77–99.
- 박정선 · 황성현. (2013). 청소년의 긴장감, 사회유대감, 비행친구와의 차별적 접촉이 청소년 지위비행에 미치는 영향, *청소년학연구*, 20(10), 77–94.
- 박현수 · 김준호. (2008). 비행청소년집단의 특성이 비행에 미치는 영향: 비행친구와의 친밀성과 비행의 관계. *한국청소년연구*. 19(1), 327–356.
- 신동준. (2015). 이론들의 통합. pp. 300–327, 김준호 · 박성훈 · 박형민 · 신동준 · 이성식 · 장안식 · 황지태. 일탈과 범죄의 사회학. *다산출판사*.
- 신송연 · 장현석. (2013). 부모의 자기통제력과 양육방식이 청소년 비행에 미치는 영향에 대하여: 아버지와 어머니의 자기통제력 비교를 중심으로. *한국범죄*

학, 7(2), 3–33.

- 위키피디아 (2020). https://en.m.wikipedia.org/wiki/Edwin_Sutherland.
- 유순화 · 정규석. (2003). 청소년 음주 흡연에 관한 사회학습이론적 분석. *청소년학연구*, 10(2), 195–214.
- 유진이 · 탁분희. (2007). 청소년의 비행경험에 영향을 미치는 요인에 관한 연구. *한국청소년시설환경학회지*, 5(3), 101–108.
- 이고은 · 정세훈. (2014). 청소년의 사이버 폭력 행위에 영향을 미치는 요인에 관한 연구– 계획된 행동이론과 사회학습이론을 적용하여. *사이버커뮤니케이션학보*, 31(2), 129–162.
- 이성식. (1998). 비행친구와 비행 간의 관계 : 통합론적 논의를 중심으로. *형사정책연구*, 37, 193–221.
- 이성식. (2007). 청소년비행 원인의 성별차이에 관한 연구: 청소년패널 두 연령집단에서의 검증. *형사정책연구*, 18(2), 265–295.
- 이성식. (2011). 가부장적 가정의 청소년비행에 미치는 영향에 있어서의 성별 차이. *한국청소년연구*, 22(3), 97–117.
- 이성식 · 전신현. (2001). 가부장적 가정과 여자청소년의 비행. *한국사회학*, 35(5), 173–198.
- 이승현 · 황성현. (2019). 음주행위에 결정적 영향을 미치는 비행이론 연구: 고등학교 3학년과 사회초년생의 비교연구를 통해. 한국중독범죄학회보, 9(3), 117–138.
- 이완희. (2014). 한국 청소년들의 중비행에 관한 범죄이론적 비교연구, *한국경찰학회보*, 16(1), 139–160.
- 이완희 · 유완석. (2014). 청소년 지위비행에 관한 분석적 연구: 청소년 비행이론을 중심으로, *한국경호경비학회지*, 39(–), 217–239.
- 이완희 · 황성현. (2014). 청소년의 부정적 자극이 친구차별접촉과 긴장요인을 매개로 청소년비행에 미치는 영향, *한국경찰학회보*, 16(5), 197–218.
- 이완희 · 황성현. (2016). 잠재성장모형을 활용한 사회학습이론과 일반긴장이론의 비교연구. *한국경찰학회보*, 18(4), 91–112

- 이완희 · 황성현. (2018). 청소년 사이버 성범죄에 대한 범죄이론적 분석, *한국경찰학회보*, 20(6), 249–270.
- 이익섭 · 김근식. (1998). 청소년 비행화과정에 관한 연구–중학생을 중심으로. *한국사회복지학* 35, 319–344.
- 이창한 · 황성현 · 김상원. (2012). 신 범죄학 & 형사정책. *박영사*.
- 전신현 · 김원경 · 황성현. (2010). 청소년 가출에 관한 상호작용론적 접근: 숀베리 이론의 부분 검증, *한국청소년연구*, 21(4), 31–50.
- 정익중. (2005). 성역할 고정관념과 청소년비행의 성별차이. *한국청소년연구*, 16(1), 35–76.
- 조은미 · 진영선 · 임정아 · 조아미. (2016). Akers의 사회학습이론의 주요 개념이 청소년 비행에 미치는 영향. *청소년학연구*, 23(5), 357–378.
- 최규련. (2010). 가족구조, 부모와의 의사소통, 학업문제와 친구관계가 청소년 비행에 미치는 영향. *Family and Environment Research*, 48(7), 33–48.
- 최선희 · 김희수. (2006). 아동의 비행행동에 영향을 미치는 생태체계적 요인들의 다차원 상호작용. *한국아동복지학*, 21(0), 233–258.
- 홍태경 · 류준혁. (2011). 성별과 연령에 따른 청소년 비행요인의 비교분석, *한국치안행정논집*, 8(3), 113–138.
- 황성현 · 이창한 · 이강훈 · 이완희 · 이승현. (2020). 한국범죄심리학 제2판. *피앤씨미디어*.
- 황성현. (2007). 한국과 미국 청소년들의 약물남용에 관한 비교 연구, *한국범죄학*, 1(1), 73–90.
- 황성현. (2008). 한국과 미국 청소년들의 음주행위에 관한 비교 연구–사회학습이론을 중심으로, *보건과 사회과학*, 23(1), 5–29.
- 황성현. (2009). 청소년 음주 · 흡연행위에 관한 사회유대, 자아통제, 사회학습이론적 고찰. *한국청소년연구*, 20(1), 113–139.
- 황성현. (2010a). 부모와 친구요인이 청소년 음주 · 흡연행위에 미치는 영향, *보건과 사회과학*, 27(1), 81–103.
- 황성현. (2010b). 청소년 지위비행에 관한 비행이론 비교연구, *청소년학연구*,

17(5), 49–68.

- 황성현. (2012a). 사회학적 관점에서의 범죄학. 한국범죄학. 6(1), 165–207.
- 황성현. (2012b). 청소년 흡연 · 음주행위의 원인에 대한 비행이론적 접근–일반 긴장이론과 사회학습이론을 중심으로, *보건과 사회과학*, 32(1), 19–38.
- 황성현 · 이강훈. (2013). 청소년비행의 원인에 관한 사회학습, 사회유대, 일반긴장이론적 접근, *한국청소년연구*, 24(3), 127–145.
- 황성현. (2015). 청소년 비행이론의 상대적인 영향력 검증: 아동 · 청소년 패널 자료를 중심으로, *한국경호경비학회지*, (44), 225–250.
- 황성현. (2016). 청소년비행에서 비행친구가 선행하는가, 비행이 선행하는가?: 잠재성장모형의 적용, *사회과학연구*, 23(2), 53–70.
- 황성현 · 이강훈. (2013). 청소년비행의 원인에 관한 사회학습, 사회유대, 일반긴장이론적 접근, *한국청소년연구*, 24(3), 127–145.

[국외문헌]

- Academia. (2020). https://www.academia.edu/11514217/Akers_Ronald.
- Agnew, R. (1992). Foundation for a general strain theory of crime and delinquency. *Criminology*, 30, 47–88.
- Akers, R. L. (1964). Socioeconomic status and delinquent behavior: A retest. *Journal of Research in Crime & Delinquency*, 1: 38–46.
- Akers, R. L. (1973) *Deviant Behavior: A Social Learning Approach* . Belmont, CA: Wadsworth.
- Akers, R. L. (1985). *Deviant Behavior: A Social Learning Approach. Third Edition*. Belmont, CA: Wadsworth, Reprinted 1992, Fairfax, VA: Techbooks.
- Akers, R. L. (1991). Self–control as a general theory of crime. *Journal of Quantitative Criminology*, 7, 201–211.

- Akers, R. L. (1992). Linking sociology and its specialties: The case of criminology.
- *Social Forces*, 71(1), 1–16.
- Akers, R. L. (1998). *Social learning and social structure: A general theory of crime and deviance*. Boston: Northeastern University Press.
- Akers, R. L. (2009). *Social learning and social structure: A general theory of crime*

  Akers, R. L. (2011). The origins of me and of social learning theory: Personal and professional recollections and reflections. In F. T. Cullen, C. L. Jonson, A. J. Myer & F. Adler (eds.), Origins of *American Criminology: Advances in Criminological Theory Vol. 16*. New Brunswick, NJ: Transaction.
- *and deviance*. Transaction Publishers.
- Akers, R. L., Sellers, C. S., & Jennings W. G. (2016). *Criminological Theories: Introduction, Evaluation, and Application. 7th Edition*. Oxford University Press, Inc. 민수홍 · 박강우 · 기광도 · 전영실 · 최병각 · 김혜경 옮김. (2017). 범죄학 이론 개정2판. 나남.
- Akers, R. L., & Cochran, J. (1985). Adolescent marijuana use: A test of three theories of deviant behavior. *Deviant Behavior,* 6: 323–346.
- Akers, R. L., & Jensen, G. F. (2006). The empirical status of social learning theory of crime and deviance: The past, present, and future. In F. T. Cullen, J. Wright, & K. Blevins (Eds.), *Taking stock: The status of criminological theory* (Vol. 1, pp. 37 – 76). Transaction Publishers.
- Akers, R. L., Krohn, M. D., Lanza–Kaduce, L., & Radosevich, M. (1979). Social learning and deviant behavior: a specific test of a general theory. *American Sociological Review*, 44, 635–655.
- Akers, R. L. & La Greca, A. J. (1988). Alcohol, contact with the legal system, and illegal behavior among the elderly, pp. 51–61 in McCarth, B. and Langworthy, R. eds., *Older Offenders*. New York: Praeger.
- Akers, R. L. & La Greca, A. J. (1991). Alcohol use among the elderly: social learning, community context, and life events, pp. 242–262 in Pittman, D. J. and

White, H. R. eds., *Society, Culture, and Drinking Patterns Re-examined*. New Brunswick, NJ: Rutgers Center for Alcohol Studies.

- Akers, R. L. La Greca, A. J. Cochran, J. & Sellers, C. (1989). Social learning theory and alcohol behavior among the elderly. *Sociological Quarterly*, 30, 625-638.
- Akers, R. L. La Greca, A. J. Sellers, C & Cochran, J. (1987). Fear of crime and victimization among the elderly in different types of communities. *Criminology*, 25, 487-505
- Akers, R. L. La Greca, A. J., Sellers, C. & Cochran, J. (1987). Fear of crime and victimization among the elderly in different types of communities. *Criminology*, 25, 487-505.
- Akers, R. L. & Lee, G. (1996). A longitudinal test of social learning theory: adolescent smoking. *Journal of Drug Issues*, 26, 317-343.
- Akers, R. L. & Lee, G. (1999). Age, social learning and social bonding in adolescent substance use. *Deviant Behavior*, 19, 1-25.
- Akers, R. L. Massey, J. Lauer R. M. & Clarke, W. (1983). Are self-reports of adolescent deviance valid? bio-chemical measures, randomized response, and the bogus pipeline in smoking behavior. *Social Forces*, 62, 234-251.
- Alverdinia, A. & Pridemore W. A. (2007). A first glimpse at narcotics offenders in an Islamic republic: A test of an integrated model of drug involvement among a sample of men incarcerated for drug offenses in Iran. *Criminal Justice Review*, 17, 27-44.
- Antonaccio, O. & Tittle, C. R., Botechkovar, E., & Kranidiotis, M. (2010). The correlates of crime and deviance: Additional evidence. *Journal of Research in Crime & Delinquency*, 47, 297-328.
- Avenevoli, S., & Merikangas, K. R. (2003). Familial influences on adolescent smoking. *Addition*, 98, 1-20.
- Barman, S. K., Pulkkinen, L., Kaprio, J., & Rose, R. J. (2004). Inattentiveness, Parental Smoking and Adolescent Smoking Initiation. *Addition*, 99, 1049-1061.

- Bartusch, D. J., & Matsueda, R. L. (1996). Gender, reflected appraisals, and labeling: A crossgroup test of an interactionist theory of delinquency. *Social Forces*, 75, 145 - 176.
- Bellair, P. E. & McNulty, T. L. (2009). Gang membership, drug selling, and violence in neighborhood context. *Justice Quarterly*, 26, 644–669.
- Benda, B. B. (1994). Testing competing theoretical concepts: Adolescent alcohol consumption. *Deviant Behavior*, 15, 376–396.
- Bernard, T. J., Snipes, J. B., & Gerould, A. L. (2016). *Vold's Theoretical Criminology, 7th Edition*. Oxford University Press. 이순래 · 박정선 · 김성언 · 박철현 · 김상원 · 박성민 · 류준혁 옮김. (2019). Vold의 이론범죄학 제7판. *도서출판 그린.*
- Boeringer, S. & Akers, R. L. (1993). Rape and rape proclivity: a comparison of social learning, social control, and relative deprivation models. Unpublished paper, *Department of Sociology, University of Florida*.
- Boeringer, S., Shehan, C. L. & Akers, R. L. (1991). Social contexts and social learning in sexual coercion and aggression: assessing the contribution of fraternity membership. *Family Relations*, 40, 558–564.
- Bruinsma, G. J. N. (1992). Differential association theory reconsidered: An extension
- and its empirical test. *Journal of Quantitative Criminology*, 8, 29–49.
- Burgess, R. L. & Akers, R. L. (1966). A differential association reinforcement theory of criminal behavior. *Social Problems*, 14, 128–147.
- Burton, V. S., Francis, T., Cullen, T., Evans, D., & Gregory, D. R. (1994). Reconsidering strain theory: Operationalization, rival theories, and adult criminality. *Journal of Quantitative Criminology*, 10, 213–239.
- Canter, R. J. (1982). Family correlates of male and female delinquency. *Criminology*, 20, 149 - 167.
- Capece, M. & Lanza-Kaduce, L. (2013). Binge drinking among college students:

A partial test of Akers' social structure–social learning theory. *American Journal of Criminal Justice*, 38, 503–519.

- Cochran, J. K. & Akers, R. L. (1989). Beyond hellfire: an exploration of the variable effects of religiosity on adolescent marijuana and alcohol use. *Journal of Research on Crime and Delinquency*, 26, 198–225.
- Cohen B. Z. & Zeira, R. (1999). Social control, delinquency, and victimization among Kibbutz adolescents. *International Journal of Offender Therapy and Comparative Criminology*. 43(4), 503–513.
- Cressey, D. R. (1960). Epidemiology and individual conduct: A case from criminology. *Pacific Sociological Review*, 3, 47–58
- Curran, G. M., White, H. R., & Hansell, S. (2000). Personality, environment, and problem drug use. *Journal of Drug Issues,* 30, 375–406.
- Dorius, C., Bahr, S. J., Hoffmann, J. P., & Harmon, E. L. (2004). Parenting practices as moderators of the relationship between peers and adolescent marijuana use, *Journal of Marriage and Family*, 66, 163–178.
- Elliott, D. S. (1985). The assumption that theories can be combined with increased explanatory power. pp. 123–149 in Robert F. Meier (Ed.), *Theoretical Methods in Criminology*. Beverly Hills, CA: Sage.
- Elliott, D. S., Huizings, D. & Ageton, S. S. (1985). *Explaining Delinquency and Drug Use*. Beverly Hills: Sage.
- Elliott, D. S., & Menard, S. (1996). Delinquent friends and delinquent behavior: Temporal and developmental patters. pp. 28–67 in J. David Hawkins (Ed.), *Delinquency and Crime: Current Theories*. New York, NY: Cambridge University Press.
- Ennett, S. T., Bauman, K. E., Foshee, V. A., Pemberton, M., & Hicks, K. A. (2001). Parent–child communication about adolescent tobacco and alcohol use: what do parents say and does it affect youth behavior? *Journal of Marriage and Family*, 63, 48–62.

- Flay, B. R., Hu, F. B., Siddiqui, O., Edward, D. L., Hedeker, D., Petraitis, J., Richardson, J., & Sussman, S. (1994). Differential influence of parental smoking and friends' smoking on adolescent initiation and escalation of smoking. *Journal of Health and Social Behavior,* 35, 248–265.
- Gfroerer, J. (1987). Correlation between drug use by teenagers and drug use by older family members. *The American Journal of Drug and Alcohol Abuse*, 13, 95–108.
- Gibson, C. L., Poles, T. B. & Akers, R. L. (2010). A partial test of social structure social learning: Neighborhood disadvantage, differential association with delinquent peers, and delinquency. pp. 133–148 in DeLisi, M. & Beaver, K. M. (Eds.), *Criminological Theory: A Life-Course Approach.* London: Jones and Bartlett.
- Glaser, D. (1956). Criminality theories and behavioral images. *American Journal of Sociology*, 61, 433–444.
- Gottfredson, M. & Hirschi, T. (1990). *A General Theory of Crime*. Palo Alto, CA: Stanford University Press.
- Grasmick, H. G., Tittle, C. R. Bursik Jr. R. J. & Arneklev, B. J. (1993). Testing the core empirical implications of Gottfredson and Hirschi's general theory of crime. *Journal of Research in Crime & Delinquency*, 30, 5–29.
- Hagan, J., Gillis, A. R., & Simpson, J. (1985). The class structure of gender and delinquency: Toward a power-control theory of common delinquent behavior. *American Journal of Sociology*, 90, 1151 - 1178.
- Hartjen, A. C. & Priyadarsini, S. (2003). Gender, peers, and delinquency, *Youth and Society,* 34(4), 387–414.
- Haynie, D. L., Silver, E. & Teasdale, B. (2006). Neighborhood characteristics, peer networks, and adolescent violence. *Journal of Quantitative Criminology*, 22, 147–169.
- Hirschi, T. (1969). *Causes of Delinquency*. Berkeley, CA: University of California Press.
- Hirschi, T. (1979). Separate and unequal is better. *Journal of Research in Crime and*

Delinquency. 16(1), 34–38.

- Hirschi, T. (1989). Exploring alternatives to integrated theory. pp. 37–49 in Messner, S. F., Krohn, M. D. & Liska, A. E. (eds.), *Theoretical Integration in the Study of Deviance and Crime: Problems and Prospects*. Albany, NY: State University of new York Press.
- Hirschi, T. & Hindelang, M. J. (1977). Intelligence and delinquency: A revisionist review. *American Sociological Review*, 42, 571–587,
- Hochstetler, A., Copes, H. and Delisi, M. (2002). Differential association in group and solo offending, *Journal of Criminal Justice*, 30(6), 559–566.
- Holland–Davis, L. (2006). Putting behavior in context: A test of the social structure and social learning model. *Ph. D. Dissertation. Gainesville, FL: University of Florida*.
- Hwang, S. H, & Akers, R. L. (2003). Substance use by Korean adolescents: A cross–cultural test of social learning, social bonding, and self–control theories in R. L. Akers and G. F. Jensen. (eds.) *Social learning theory and the explanation of crime: A Guide for the New Century. Advances in Criminological Theory*, 11, 39–64. Piscataway, NY: Transaction Publisher.
- Hwang, S. H. & Akers, R. L. (2006). Parental and peer influences on adolescent drug use in Korea, *Asian Journal of Criminology*, 1(1), 51–69.
- Jeffery, C. R. (1965). Criminal behavior and learning theory. *Journal of Criminal Law and Criminology*, 56(3), 294–300.
- Jennings, W. G., Park, M. R., Tomsich, E. Gover, A. R. & Akers, R. L. (2011). Assessing the overlap in dating violence perpetration and victimization among South Korean college students: The influence of social learning and self–control. *American Journal of Criminal Justice*, 36, 188–206.
- Jensen, G. F. (2003). Gender variation in delinquency: Self–images, beliefs, and peers as mediating mechanisms. pp. 151–178. in Akers, R. L. & Jensen, G. F. (Eds.), *Social Learning Theory and the Explanation of Crime: A Guide for the New*

Century. Advances in Criminological Theory, 11. New Brunswick, NJ: Transaction.

- Kandel, D. B. (1990). Parenting styles, drug use, and children's adjustment in families of young adults, *Journal of Marriage and the Family*, 52, 183–196.
- Kandel, D. B., & Adler, I. (1982). "Socialization into marijuana use among French adolescents: A cross–cultural comparison with the United States." *Journal of Health and Social Behavior,* 23: 295–309.
- Kobus, K. (2003). Peer and adolescent smoking. *Addition,* 98, 37–55.
- Kim, E. Y., Akers, R. L. & Yun, M. W. (2013). A cross–cultural test of social structure and social learning: Alcohol use among Korean adolescents. *Deviant Behavior*, 34, 895–915.
- Krivo, L. J., & Peterson, R. D. (1996). Extremely disadvantaged neighborhoods and urban crime. *Social Forces*, 75, 619–650.
- Krohn, M. D., Akers, R. L., Radosevich, M. J. & Lanza–Kaduce, L. (1982). Norm qualities and adolescent drinking and drug behavior. *Journal of Drug Issues*, 12, 343–359.
- Krohn, M. D., Lanza–Kaduce, L. & Akers, R. L. (1984). Community context and theories of deviant behavior: An examination of social learning and social bonding theory. *Sociological Quarterly*, 25, 353–371.
- Krohn, M. D., Massey J. L., Skinner, W. F. & Lauer, R. M. (1983). Social bonding theory and adolescent cigarette smoking: a longitudinal analysis. *Journal of Health and Social Behavior*, 24, 337–349.
- Krohn, M. D., Skinner, W. F., Massey, J. L., Akers, R. L. (1985). Social learning theory and adolescent cigarette smoking: a longitudinal study. *Social Problems*, 32, 455–473.
- La Greca, A. J., Akers, R. R., Dwyer, J. (1988). Life events and alcohol behavior among older adults. *Gerontologist*, 4, 552–558.
- Lanza–Kaduce, L., Akers, R. L., Krohn, M. D. & Radosevich, M. (1984). Ces-

sation of alcohol and drug use among adolescents: a social learning model. *Deviant Behavior*, 5, 79–96.

- Lanza–Kaduce, L. Capece, M. (2003). A specific test of an integrated general theory. pp. 179–196, in Akers, R. L. & Jensen, G. F. (Eds.), *Social Learning Theory and the Explanation of Crime: A Guide for the New Century. Advances in Criminological Theory, 11*. New Brunswick, NJ: Transaction.
- Lauer, R. L., Akers, R. L., Massey, J. & Clarke, W. (1982). The evaluation of cigarette smoking among adolescents: The Muscadine study. *Preventive Medicine*, 11, 417–428.
- Lee, G., Akers, R. L., & Borg, M. J. (2004). Social learning and structural factors in adolescent substance use. *Western Criminological Review*, 5, 17 – 34
- Lilly, J. R., Cullen, F. T., & Ball, R. A. (2011). *Criminological Theory: Context and Consequences, 5th Edition*. Sage Publication Inc. 이순래 · 박철현 · 장안식, 공역 (2017). 범죄학이론; 사회적 배경과 결과들. *박영사*.
- Liska, A. E., Krohn, M. D. & Messner, S. F. (1989). Strategies and requisites for theoretical integration in study of crime and deviance. pp. 1–19 in Messner, S. F., Krohn, M. D., Liska, A. E. (eds.). *Theoretical Integration in the Study of Deviance and Crime: Problems and Prospects*. Albany, NY: State University of New York Press.
- Liska, A. E. & Messner, S. F. (1999). *Perspectives on Crime and Deviance. Third Edition*. Upper Saddle River, NJ: Prentice Hall.
- Matsueda, R. L. (1988). The current state of differential association theory. *Crime & Delinquency*. 34, 277–306.
- Matsueda, R. L., & Heimer, K. (1987). Race, family structure, and delinquency: A test of differential association and social control theories. *American Sociological Review*, 52, 826–855.
- McCord, J. (1991). Family relationships, juvenile delinquency, and adult criminality. *Criminology*, 29, 397–418.

- McGee, Z. T. (1992). Social class differences in parental and peer influence on adolescent drug use. *Deviant Behavior,* 13, 349–372.
- McLntosh, J., Gannon, M., Mckeganey, N., & MacDonald, F. (2003). Exposure to drugs among pre–teenage schoolchildren. *Addition,* 98, 1615–1623.
- Meneses, R. A. & Akers, R. L. (2011). A comparison of four general theories of crime and deviance: Marijuana use among American and Bolivian university students. *International Criminal Justice Review*, 21, 333–352.
- Merton, R. K. (1957). *Social Theory and Social Structure*. Glencoe, IL: Free Press.
- Miller, H., Jennings, W. G., Alvarez–Rivera, L. L., & Miller, J. M. (2008). Explaining substance use among Puerto Rican adolescents: A partial test of social learning theory. *Journal of Drug Issues*, 38, 261–284.
- Moffitt, T. E. (1993). Adolescence limited and life course persistent antisocial behavior: A developmental taxonomy. *Psychological Review*, 100, 674–701.
- Neff, J. L. & Waite, D. E. (2007). Male versus female substance abuse patterns among incarcerated juvenile offenders: Comparing strain and social learning variables. *Justice Quarterly*, 24, 106–132.
- Nolan, M. (1994). "Adolescents and Alcohol: A Social Learning Approach" *Senior Thesis. Department of Psychology, University College, Dublin, Ireland.*
- Özbay, Ö., & Özcan, Y. Z. (2006). A test of Hirschi's social bonding theory: Juvenile delinquency in the high schools of Ankara, Turkey, *International Journal of Offender Therapy and Comparative Criminology*, 50, 711–726.
- Piquero, N. L., Gover, A. R., MacDonald, J. R., & Piquero, A. R. (2005). The influence of delinquent peers on delinquency: Does gender matter? *Youth & Society*, 36, 251 - 275.
- Pratt, T. C. & Cullen, F. T. (2000). The empirical status of Gottfredson and Hirschi's general theory of crime: A meta–analysis. *Criminology,* 38, 931–964.
- Pratt, T. C., Cullen, F. T., Sellers, C. S., Winfree, L. T., Madensen, T. D., Daigle, L. E. & Gau, J. M. (2010). The empirical status of social learning theory:

A meta-analysis. *Justice Quarterly*, 27, 765 - 802.

- Preston, P. (2006). Marijuana use as a coping response to psychological strain: Racial, ethnic, and gender difference among young adults. *Deviant Behavior*, 27, 397-422.
- Rebellon, C. J. (2002). Reconsidering the broken homes/delinquency relationship and exploring its mediating mechanism(s). *Criminology*, 40, 103-136.
- Sampson, R. J. & Laub, J. H. (1993). *Crime in Making: Pathways and Turning Points Through Life*. Cambridge, MA: Harvard University Press.
- Shaw, C & McKay, H. D. (1942). *Juvenile Delinquency and Urban Areas*. Chicago, IL: University of Chicago.
- Shaw, C & McKay, H. D. (1969). *Juvenile Delinquency and Urban Areas, Revised Edition*. Chicago, IL: University of Chicago.
- Siegel, L. J. (2018). *Criminology: Theories, Patterns and Typologies, 13th Edition*. Wadsworth: Cengage Learning. 이민식 · 김상원 · 박미랑 · 박정선 · 신동준 · 윤옥경 · 이창배 · 황성현 옮김. (2020). 범죄학: 이론과 유형 제13판. Cengage Learning.
- Sieving, R. E., Perry, C. L., & Williams, C. L. (2000). Do friendships change behaviors, or do behaviors change friendships? Examining paths of influence in young adolescents' alcohol use. *Journal of Adolescent Health*, 26, 27-35.
- Smangs, M. (2010). Delinquency, social skills, and the structure of peer relations: Assessing criminological theories by social network theory. *Social Forces*, 89, 609-631.
- Solakoglu, O. & Yuksek, D. A. (2020). Delinquency among Turkish adolescents: Testing Akers' social structure and social learning theory. *International Journal of Offender Therapy and Comparative Criminology*, 64(5), 539-563.
- Sort, J. F. (1960). Differential association as a hypothesis: problems of empirical testing. *Social Problems*, 8. 14-25.
- Spear, S. & Akers, R. L. (1988). Social learning variables and the risk of habitual

smoking adolescents: the Muscatine Study. *American Journal of Preventive Medicine*, 4, 336–348.

- Sutherland, E. H. (1939). *Principles of Criminology. Third Edition*. Philadelphia: J. B. Lippincott.
- Sutherland, E. H. (1947). *Principles of Criminology. Fourth Edition*. Philadelphia: J. B. Lippincott.
- Sutherland, E. H., & Cressey, D. R. (1978). *Criminology. Tenth Edition*. Philadelphia, PA: Lippincott.
- Sykes, G. & Matza, D. (1957). Techniques of neutralization: A theory of delinquency. *American Journal of Sociology*. 47, 47–91.
- Tanioka, I., & Glaser, D. (1991). School uniforms, routine activities, and the social control of delinquency in Japan, *Youth & Society*, 23, 50–75.
- Thio, A. (1995). *Deviant Behavior, 4th Edition*. New York: Harper–Collins.
- Thornberry, T. P. (1987). Towards an interactional theory of delinquency. *Criminology*, 25, 863 - 892.
- Walters, G. (2015). Proactive criminal thinking and the transmission of defferential association: A cross–lagged multi–wave path analysis. *Criminal Justice and Behavior*. 42, 1128–1144.
- Wang, S. & Jensen, G. F. (2003). Explaining delinquency in Taiwan: A test of social learning theory, pp. 65–84. in Akers, R. L. & Jensen, G. F. (Eds.), *Social Learning Theory and the Explanation of Crime: A Guide for the New Century. Advances in Criminological Theory, 11*. New Brunswick, NJ: Transaction.
- Younts, W. (2008). Status, endorsement and the legitimacy of deviance. *Social Forces,* 87, 561–590.
- Zhang, L., Messner, S. F., Liu, J. (2007). A multilevel analysis of the risk of household burglary in the city of Tianjin, China. *British Journal of Criminology*, 47, 918–937.

색인

한국어

ㅅ

ㅇ

로마자

저자약력 **황성현**

· 부산대학교 사회과학대학 사회학과 학사 및 석사
· 플로리다대학교(University of Florida) 범죄사회학 박사
· 플로리다대학교 Center for Studies in Criminology and Law 박사후 연구원(Post-Doc.)
· (사) 한국공공안전연구원 이사
· 현 고려사이버대학교 경찰학과 교수

[역·저서]
· 한국 범죄심리학(제2판), 황성현 외 4인, 피앤씨미디어, 2020
· 청소년문제와 보호, 황성현 외 12인, 교육과학사, 2020
· 형사사법정책론(제5판), 황성현 외 4인 옮김. 도서출판 그린, 2020
· 범죄학: 이론과 유형(제13판), Larry J. Siege 지음. 황성현 외 7인 옮김. Cengage Learning, 2020
· 한국 청소년비행학, 황성현 외 3인, 피앤씨미디어, 2017
· 한국 범죄심리학, 황성현 외 4인, 피앤씨미디어, 2015
· STATA를 활용한 사회과학 자료분석, 황성현 외 4인, 피앤씨미디어, 2014
· 신) 범죄학 & 형사정책, 황성현 외 2인, 박영사, 2012
· 범죄학: 이론과 유형(제10판), Larry J. Siege 지음. 황성현 외 7인 옮김. Cengage Learning, 2012
· 범죄학(경비지도사), 황성현 외 2인, 박영사, 2011
· 범죄학: 이론과 유형(제9판), Larry J. Siege 지음. 황성현 외 6인 옮김. Cengage Learning, 2008

범죄학이론 시리즈 I 사회학습이론

발행일 1판 1쇄 인쇄 2020년 12월 03일
1판 1쇄 발행 2020년 12월 07일

저자와의
협의하에
인지생략

지은이 황성현
발행인 윤덕우
발행처 도서출판 그린
주 소 서울특별시 서대문구 연희로5길 50 (03716)
전 화 02)333-2574, 5
팩 스 02)333-2561
출판등록 제8-16호(1995. 5. 3.)
E-mail greenpress@greenpress.co.kr
Homepage http://www.greenpress.co.kr

가 격 12,000 원
ISBN 978-89-5727-325-8